羅 房

朱承天——著

金窩、銀窩，
不如**自己買的窩**！

行家引路╳竅門破解╳實戰入局

購屋自住私房秘笈

拒絕糊弄，買房眉角全解析
好房入手，實況轉播避陷阱

深耕房地產的羅姐帶你看懂買屋細節，
揭露大多人可能誤觸的雷區。

目錄
Contents

目錄 Contents

目錄
Contents

Part 3 複製成功——區域熱點、熱案、熱線，一路熱到家！

Part 4

行家帶看——巷子內找好房．業界心法獨家披露

前言

真沒想到 VS. 理所當然 X 羅姐在路上，與你談好房

真沒想到，我在臉書社團「我是青埔人」的子版，固定撰寫「羅姐談好房」專欄，寫下對於自住購屋的觀察和分析，提供給團友參考，迄今已經超過一百篇，累積達到八萬多字可以出書的量了。

然而，我一直都自許為筆耕者，從媒體到公關到行銷，寫作一直是我的最愛。過去三年也陸續出版過《德國市場遊 歐陸零售筆記：可以學 x 可以看 x 可以吃 x 可以買》和《零售點睛術：美西 2500 公里 x 歐洲 8000 公里的商機科普筆記》兩本兼具旅遊和零售行銷書，那麼似乎，又是理所當然。

一切理所當然，好房理當順其自然

真沒想到，「羅姐談好房」一路寫來，引起非常多的迴響，入團、按讚、留言數量一直不斷增加，而且好多團友，留言分享自己遇到的各種買房問題，提出疑問想要聽聽羅姐的看法，我也熱情、熱心且竭盡所能地回應。

然而，「我是青埔人」本來就是在地最大、人數最多，也最活躍的臉書社團，其中有創版人諾亞，以及其他版主的努力耕耘，累積這樣的厚實基礎，那麼似乎，又是理所當然。

真沒想到，剛奪下有巢氏房屋全國業績第一，以「青埔我的家」臉書社團掌握青埔最大房仲團隊的李佳樺團長，願意接受我的訪談，並推薦這本書。

然而，以她的俠義個性加上對於房仲的專業程度，真的算是我羅姐有話直言的好朋友，那麼似乎，又是理所當然。

真沒想到，一向以建築品質精緻著稱，並在青埔和桃園其他地區，都有精彩代表建案的京懋建設范執行長，願意接受訪談，並推薦這本書。

然而以他親和力強，樂於分享，講究生活美學，在臉書多年經營粉絲頁「跟著執行長逛飯店」來說，那麼似乎，又是理所當然。

真沒想到，從室內設計起家，青埔高鐵站前顯著位置有代表建案的禾林建設吳董事長，願意如數家珍跟我分享，他代表作裡面鉅細靡遺的貼心設計，並具名推薦《羅姐談好房》。

然而，以他對於建築空間的敏感和細膩，知道我認真地讀懂他的理念，認同光線和配置都是建築空間的靈魂。那麼似乎，又是理所當然。

揮別真沒想到，好房篤定自然而然

真沒想到，手上掌握許多代銷大案的寶麟廣告管副總經理，和我分享他從土地分析、策略規劃，直到帶領業務團隊，在代銷案上屢創佳績的實戰經驗，同時撰文推薦《羅姐談好房》這本書。

然而，以寶麟廣告接下來的事業計劃，從北到南，將要持續掌握網路趨勢、消費脈動，以達成擴展目標來看，那麼似乎，又是理所當然。

真沒想到，在我前兩本書出版時，一路支持我、鼓勵我，替我推薦書的人氣網紅崴爺，這次一如既往地挺身而出，也在書中分享他自已的買房經驗，並且透露他即將推出第一本投資理財書。

然而，以我們超過二十年的革命感情，身為他的「不老」前輩，本就是覺得他肯定能將房地產和投資事業都經營得很棒，那麼似乎，又是理所當然。

所有的「真沒想到」和「理所當然」，終於凝聚成了這本《羅姐談好房：行家引路 x 竅門破解 x 實戰入局 購屋自住私房秘笈》。當然還包括一次又一次採訪和請益，相關房地產業內的其他專家和先進，在此一併致謝。

買房畢竟屬於大多數人一輩子最大的資產決定，因此，我希望透過這本書，讓所有想要買房、即將買房，甚至已經買房還會換房的朋友，都能夠從中找到一些可以借鏡參考的觀點，把買房前、中、後「真沒想到」的疑問或是遺憾，轉換成「理所當然」的篤定和期盼！

PART 1

規劃
揭密

想要住好房，
這些事非懂不可！

房子不是看見一磚一瓦、一門一窗才開始討論，營造興建之前，需要建築設計規劃，再往前還有土地開發整合，更前面還有都市計劃。光是探討建造層面，就有空間配置、裝修裝潢和建材傢俱等等。房地產範疇既深且廣，就讓跨足房產業多面向的羅姐，一一重點揭密。

1-1

深窗、淺窗、飄窗，哪個好？  窗型這樣看！

深窗，竟成宣傳賣點

任何房子都有門窗，這裡就談一下各種窗型。

一次從桃園高速公路開車下來，看見一群打零工的阿伯阿姨在發放ＤＭ，當然是青埔建案的房地產文宣，上面載明建案的房型有多好，其中特別提到的優點之一，便是「深窗」（圖 1-1-1）。

既然深窗是優點，那麼就有淺窗（圖 1-1-2）了？難道淺窗是缺點嗎？

先說一下，窗戶的重點自然是採光和通風。窗子開得好不好，可是大有關係。因為工作緣故在中國大陸住過快七年，當時很流行的一種窗戶，在臺灣叫做兩百七十度角窗。一般窗戶是一百八十度（廢話，啊，就平平一個面），一旦突出去之後，視野變得開闊許多，就有兩百七十度，因此又稱為「飄窗」，通常在窗台旁設計一個坐墊椅，似乎就多一個休憩空間。

另外一種兩百七十度窗，又叫做「角窗」，一般大樓的角落都是柱子，儘管施工可能會麻煩一點，但若是能夠開出角窗，視野肯定會變漂亮，所以但凡有兩百七十度的窗型，都可以說是優點或賣點。

現今在臺灣，不流行飄窗，但還是可以看到很多有角窗（圖 1-1-3）的個案。

有的角窗是衛浴，有的是書房，或是主臥的一角，也算是相當有變化的一種房型。

深窗防風、防雨、防太陽

回到深窗和淺窗的問題，為何深窗會是優點？

傳單上面的文案，表示建案會設計成深窗，大概脫不了以下原因：防風、防雨、防太陽。

因為很多地方或一些重劃區比較空曠，像是林口、新竹、青埔就是風大，加上臺灣多雨、日照強，不管西曬或是東曬都不可以等閒視之，設計一扇深窗，可以降低日照的強度。而且，當風大雨急時，深窗被直接影響的程度當然小一些。

假使高樓層的住宅，做成一大片淺窗，又太接近外牆，往窗邊一站有時還挺嚇人的，這當然也是缺點了。這時候，如果能把淺窗稍加一些裝飾邊框，心理上似乎會好一些。

另外，有時候比較用心的建商，就算是同一戶，因為方位或空間

一般大樓的角落都是柱子，若是開出角窗，視野肯定會變漂亮，所以但凡有兩百七十度的窗型，都可以說是優點或賣點！

不同也會設計成完全不同的窗戶。

總之，不管窗型如何，我都認為不是要為了設計而設計，不是為了流行而流行，而要為了功能而取捨，才是用心的建築規劃。

圖 1-1-1 深窗

圖 1-1-2 淺窗

圖 1-1-3 角窗

1-2

毛坯房和精裝修哪個好？ × 豐儉由人，更具彈性！

毛坯房，什麼都沒有？

以前剛到上海，什麼都搞不清楚狀況，第一次去看房，就被毛坯屋（程度不一，意思就是還需裝修後才可以住人的房子）嚇了一跳。（圖 1-2）

照說我在營造業也待過，跑工地甚至爬鷹架、爬吊車，都難不倒我。毛坯屋有什麼好怕的？那是因為臺灣從來不會這樣就交屋給買方呀！

一個什麼都沒有的毛坯房，連隔間和衛浴設備、廚房廚具都沒有，就像一個沒有完工的工地。我跟很多朋友形容這種交屋情形，大家都覺得不可思議。當然，隨著時間推移，中國大陸的房地產也有翻天的變化，後來也有很多案場走向裝修，甚至精裝修。

反觀臺灣，卻正好相反，逐漸也有部分案場走向毛坯，原因不外乎留給住戶設計空間，而這樣的作法通常是大坪數的住宅案。

「精」精裝，什麼都有？

以青埔為例，有一個單戶百坪的個案，真的就是以毛坯交屋，提供一個兩房、三房、四房的建議平面圖，隨你要怎樣做都好！

另外，還有一家很特殊的建設公司，當年在青埔推案，也創造很多話題。因為這家建設公司從室內設計起家，對於室內空間的掌握，有獨到之處，所以推出兩種交屋模式，一種在我的標準可以算是「精精裝」，咦？再多一個「精」字，因為他們居然連沙發、桌椅、床組，都放在屋內一起交屋了，等於發揮了他們拿手的室內設計。

這樣跟毛坯正好完全相反，毛坯是這個沒有，那個也沒有，而「精」精裝則是這個有，那個也有！

如果你不要他們的裝修、裝潢和傢俱，那麼就全部都不給，只給你一個毛坯，還真霸氣吧！目前這個建商正在預售二期，表示一期完售，口碑也不錯。所以二期也是這樣的作法，果然獨樹一幟。

豐儉由人，自由富彈性

對於一個裝潢帶傢俱的案子，有一個最大好處是可以算在房價裡面，也就是一起貸款了。

如果格局夠實用，又是多數人可以接受的風格，例如現代風或是極簡風之類，何樂而不為？家的氛圍是人住進去以後才出現，因此不

一個什麼都沒有的毛坯房，連隔間和衛浴廚房都沒有，就像一個沒有完工的工地。我跟很多朋友形容這樣交屋，大家都覺得不可思議！

用太過擔心好像住在樣品屋裡面。

至於毛坯交屋，我認為的最大好處，其實是環保。咦？這和環保有什麼關係？其實買過房子的都知道，除非你不裝潢，買好傢俱、裝上燈就住進去，否則敲這打那，很多設計師都會建議改一下格局，因而造成許多工地廢料。所以不如都用毛坯，可以豐儉由人，更自由且更富彈性。

最後，還是提醒一下，這類建案的實價登錄，可能就有很大的落差，買價也會不同，需要仔細區分一下。

圖 1-2
毛坯房，就像一個沒有完工的工地。

1-3

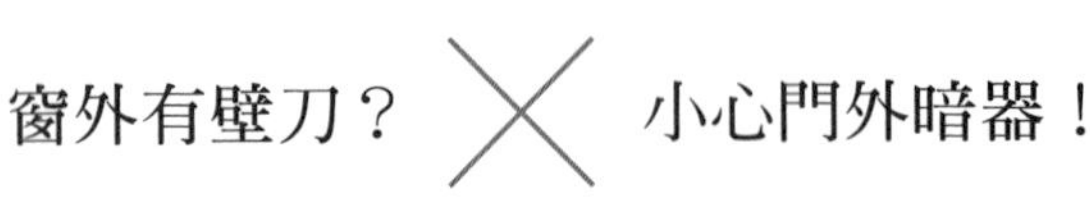

窗外有壁刀？小心門外暗器！

壁刀，舊市區比比皆是

最近去看一個新成屋案，窗外是漂亮的公園，完全沒有壁刀問題。

然而，大部分建案沒有這樣得天獨厚的條件，很容易跟附近的建築物，互相形成風水上所謂的壁刀狀況。

這在舊市區更是比比皆是，在一大堆十幾、二十年的待售中古屋看出去，有一部分景色被對面遮擋住，不是對到這邊牆壁，就是切到那邊屋角，尤其是高樓一整面牆就像一把刀一樣，而稱作「壁刀」。有的還是斜斜的，甚至直接被屋角對著，視覺上的不舒服，難免影響到心理層面。（圖 1-3）

我沒有要談掛個什麼鏡子，或是白天拉窗簾之類的解法，只是提醒要買房子的人，不要只看房間內部平面圖，而不看整棟配置和左鄰右舍，等到交屋時才發現客廳的大窗戶，正好被某一棟建築物擋住一半，也來不及了。擋住全部倒也算了，那是棟距問題，擋住一半就是壁刀了。

也有超過五十公尺以上的距離，壁刀就幾乎不存在的說法，因為壁刀影響風的流動，才有所謂的風水問題。

防患走前頭，從規劃開始

說到這裡，再說一個林口重劃區的笑話，當年在都市計劃時，請了一個老外的都計專家，把歐美的彎曲巷概念帶進來，認為可以減緩巷道內的車速，所以從衛星導航圖上看，可以看到林口有很多五角形本壘板形狀的巷道。如此一來，慘了，蓋起來的建築物，壁刀最多的就屬林口，不是你對到我，就是我對到你。

所以我常開玩笑地說，相信風水的人肯定要捨林口買青埔啦！目前像青埔這樣的重劃區，有壁刀屋況還不多，也希望接下來的建案，在建築規劃時，可以盡量避免。這是我一直提到，防患走在前頭，要從規劃就開始。

最後，分享一件可能因為爆料而被罵的事情，當房子蓋好之後，被後面建築物搞到一些戶別產生壁刀，應該是很嘔的事吧？

有一個建商，常在規劃時犯錯，例如某個案子蓋成 L 型，轉角的那一個戶別，從客廳看出去，竟被自己的鄰居形成一個明顯壁刀，落地窗只剩下一半有採光。

這樣一來，真的讓人傻眼吧？再一次證明建築規劃的重要性，這和掛不掛鏡子，真的沒關係！

一大堆十幾、二十年的待售中古屋看出去，有一部分景色被對面遮擋住，不是對到這邊牆壁，就是切到那邊屋角，尤其是高樓一整面牆就像一把刀一樣！

圖 1-3
從住家對面往外看，高樓牆面就像一把刀，稱作壁刀。

1-4

大廳公設買給別人用？ ╳ 美觀和實用要同時存在

公設無用？美觀與實用擺第一

現代大樓社區免不了要有公共設施，而且都在百分之三十左右，光想到購屋的辛苦錢，竟有三分之一是買給別人使用，真讓人捨不得啊！既然要花錢，那麼還是來想想怎麼選擇與把關。一定有人會說不要太多公設，除了維護困難，自己也用不到。

這裡先來談一下身為建築門面的「大廳」，特別對於高檔社區來說，肯定是要氣派一點。結果，沒有幾年，就發現挑高空間上面有蜘蛛網、水晶燈積了灰，連高空的燈光也很難調整，加上空調電費驚人……。

還有不少大廳的設計，沒有考慮到現在物業的工作需要，曾經看過一個才十年的社區，大廳感覺竟像二十年的老社區。因為保全櫃檯的檯面上放著電鍋，於是大廳有了蒸飯箱的味道，旁邊還擺放電熱水壺，地板上一具工業用電扇，櫃檯側邊排列了兩三個幾百元的塑膠三層櫃，用以收納……。

因此，美觀和實用一定要同時並存，才能真正展現出大廳公設的價值。例如，既然不再流行復古華麗，低調奢華應該作為主流。然而一旦設計不佳，就只剩下低調，甚至是空洞。就算是簡單，也千萬別變成簡陋啊！

大廳連通停車場，感受美好氛圍

最近因為去參觀建案，發現有兩個社區的大廳真是不錯，不管是櫃檯，還是整個空間感。一個大廳用了清水模和木格柵，呈現出日式極簡風；另個則用大面積的落地窗，帶入戶外景色，加上大型花崗岩柱體，別具時尚感。這兩個社區都標榜「飯店式管理」，至少在設計上，真正朝向這個標準。

其實，現在很多住戶到大廳往往只為了拿包裹或宅配，並非天天從一樓出入，而是大多直接開車到地下室，然後坐電梯上樓。若沒有信件取貨，可能好長一段時間都不會經過大廳。

據說臺北有處住了明星和政商名流的超豪宅，把大廳做到了連通地下停車場，如此一來，屋主才能享受到大廳的氛圍，或許一些新豪宅也可以參考一下。

挑高大廳上面竟有蜘蛛網、水晶燈積了灰，連高空的燈光也很難調整，加上空調電費驚人。

1-5

公領域、私領域傻傻分不清？ ╳ 居家格局，馬虎不得

規劃配置，公私不分與公私分明

自己的住家，都是私領域，哪裡有公領域？實際上，就算家裡也是有所分別。

所謂的公領域，大致上就是客廳、餐廳，如果家裡有客人造訪時，通常會運用到這些空間。

臥室當然就是私領域了，先不說有沒有客人來訪，若是家中有多人居住，有時難免也會分個親疏。例如，當孩子長大了，就不太會隨便跑去父母房內，同樣地，女生如果只穿著內衣，也不會跑去客廳。

這時候就來細看一下，第一張圖（圖 1-5-1）雖然是七、八十坪的大坪數，然而規劃起來就出現問題了，臥室在一排，客廳、餐廳在一排，完全無法區分公領域和私領域。如果今天客廳坐著客人，主人想要從房間去一下洗手間、倒個水，或是下樓拿個包裹，走來走去都要打招呼。就算不是客人，家中長輩在客廳看電視，這樣走來走去，也是一種干擾。假使視而不見，又會被認為沒有禮貌，但是每經過一次就打一次招呼，也頗奇怪。

坐在客廳一眼就看到三個房門，只好養成關房門的習慣，不

然大家豈不都沒隱私可言？這樣的規劃方式固然可能因為景觀，把客餐廳放在最好的位置，但是動線上，真的有點麻煩。

另外，第二張圖（圖 1-5-2）則變成一種極端，因為基地形狀，所以把大門放在當中，而且標榜公領域私領域完全分開，還真是完全啊！

全家都要靠一條走廊來來去去，甚至於客人來訪，也要經過走廊。如此一來，當客人坐在客廳時，根本看不到房間，房內的人要出門也不用跟坐在客廳的人打招呼。不過，溝通卻成了件不容易的事，還會出現要開飯了，突然發現某個家人剛剛臨時有事出去一下，卻以為還在房間的狀況！

這兩個大三房規劃，真的是公私領域的兩種極端，而且還都不太好改。假使想要改換室內設計，也是頗為頭大，只能端看自己喜歡哪一種。

那麼談到哪種規劃好，各種不同房型也很多，很難一言以蔽之，只要記住兩個概念：第一，要想一下這樣的平面圖，產生的行走動線如何？第二，自己和家人的居住和生活習慣如何？如此大概就能比較容易判斷出來，所謂公私領域的區分，怎樣配置會比較適合自己？

先不說有沒有客人來訪，若是家中有多人居住，難免也會分個親疏。

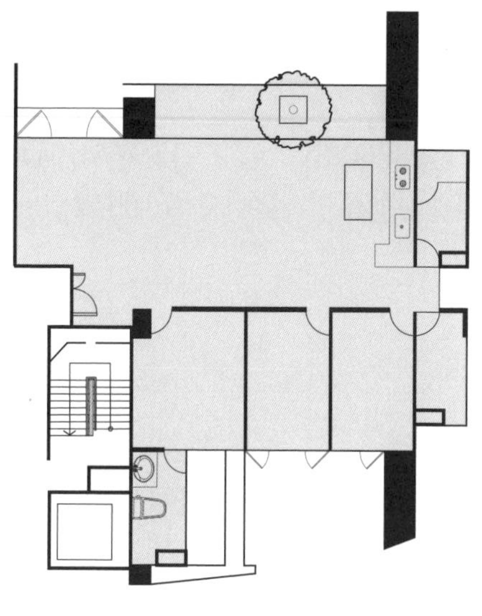

圖 1-5-1

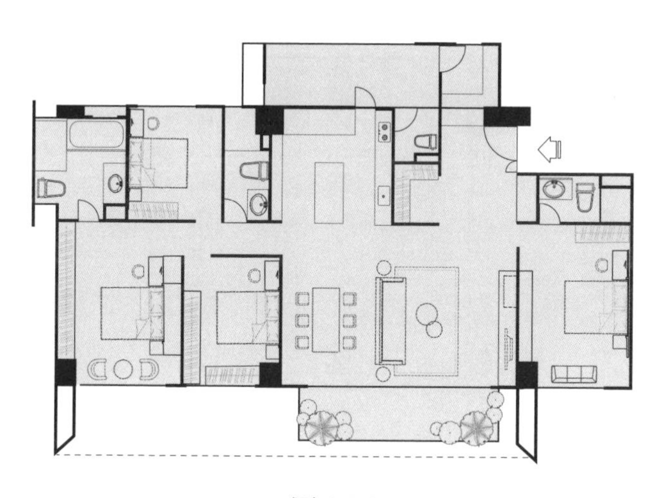

圖 1-5-2

1-6

樓電梯間開不開窗？ ╳ 採光和氣場，大加分

過渡空間，採光大加分

很多人可能從未注意過，自家社區的樓梯間到底有沒有開窗？

樓電梯間是一個過渡空間，意思就是除了等電梯，很少人會停留在此，每天出門回家，好像都是明亮的。因為大部分樓電梯間都有自動感應的燈光，所以通常不大記得有沒有開窗這件事。

最近推出許多一層多戶的建案，四面八方的採光留給室內都不夠了，還要放在樓電梯間，不是很可惜嗎？或是大部分大樓的樓電梯間，在規劃時就是核心結構，位於整個建築物當中，所以沒有採光也是正常的事。

但是，我覺得有採光的樓電梯間很加分，特別是高價位社區，以及小坪數多戶的社區。為何這兩極屋型比較需要呢？當然有其原因。

光源變化，創造過渡空間質感

針對高價位的住宅，如果樓電梯間採光，一方面氣場比較好，另一方面有自然光源的變化，也可以創造不同的過渡空間質感，

不需要完全靠封閉式的感應光源，而能透過窗戶就能感受到白天與黑夜的自然變化。

至於小坪數的多戶空間，能夠做到梯間採光更是大大加分，因為不僅安全安心，而且破除了長長走道、兩邊很多道門，有點像住旅館的壓迫感。

採光的樓梯間，在停電或是燈源故障的時候更顯重要，不會有任何時候有摸黑的顧慮。記得九二一大地震時，我住在一個梯間採光的高樓層，當大地突然一片漆黑，連社區緊急電源都無法運作時，梯間的採光就像是救命的希望。

當然，我只能就專業與經驗分享一些大家可能沒有注意或是在意的點，不是說梯間沒採光就完蛋或是不能買，而是希望建商在規劃整體配置時，一定要很努力地把標準提高，希望納進更多好的元素，使新建案越來越好。

大部分樓電梯間都有自動感應的燈光，所以通常不大記得有沒有開窗這件事，但是真的就不需要開窗了嗎？

1-7

當基本期望變成奢侈夢想 × 三房兩廳的自住主流宅

三房兩廳，期望中的一步到位

一位房地產業的高管，最近跟我分享這句話：「當基本期望變成奢侈夢想！」進一步瞭解後，馬上說：「借我寫。」因為這真是一個值得分享的主題。

隨著土地價值提高，加上工料雙漲，營建成本也提高之後，很多看起來條件不錯的重劃區，建築個案的規劃就不得不走上妥協的道路，可能是小宅增加，或硬是縮小每一戶、每一房面積等等。

老舊都市因為很多高齡建物，或年久失修，或擁擠不堪，或景觀不佳，所導致的新建案妥協，或許有點無奈，但是在重劃區內，把房子蓋成不實用、不好用，就真的太可惜了。

說回本篇重點，我們對於自住的主流住宅有什麼想法？雖然未經過正式統計，但是隨便問問，都可以得到幾個基本期望，例如：三房兩廳、雙衛浴開窗、有前後陽台、至少雙面通風等，相信大家一定完全同意。

就算是很多統計資料顯示，推案的主流不再以三房兩廳為主，應該只是受限於總價市場，能夠擁有多間房間，畢竟還是很棒的一步到位，所以還是先以三房兩廳來當作軸心。

這些並非很困難的期望，只是規劃上的基本款，而且還沒有提到地點、交通、生活機能等其他配套。想不到把近期諸多預售建案的資料拿來找一下，咦？原來不是每一個建案都是這樣啊！豈止不是，最近各種所謂的市場妥協版本，逐漸讓人嘆為觀止。

當基本期望無法滿足時……

先不說雙衛浴開窗，已經變成困難的條件，能夠做到有一間開窗就很厲害。

再進行下一個問題，請問每個房間，都可以做到有開窗嗎？嗄，房間不開窗，那不是跟儲藏室一樣？以前流行把一部分空間規劃做成和室，好像就可以不用開窗，但是現在已經不流行這樣了吧？

記得曾經有人很細心地把房間開窗這件事，再分成「真對外」與「假對外」。如果開窗後面是從廚房出去後陽台的，也要扣一下分數，如此一來就更難找到很標準的房間。

此時還可以繼續追問，這個物件的客廳有採光嗎？什麼，客廳也不採光？是的。很多在前幾年房地產低迷期間，為了拉低總價，所規

這些沒有滿足所謂基本期望的案子，的確還是有人買，之後也會有人住。那我操什麼心呢？

劃出來「暗客廳」的新建案都陸續要交屋了呢！

這裡就不再說什麼沒有前陽台，或是後陽台當前陽台用的建案，或是把廚房、餐廳和客廳放在同一空間，其實也不算客廳真正採光的案子了，也不用說賣三房價位，卻只做單面通風的規劃了。

想好需求，再做行動

以前每次提到這些狀況，就會有人回文：「任何房子都有人買，只是價錢問題。」或是：「每一個人的需求不同。」諸如此類的答案。這些沒有滿足所謂基本期望的案子，的確還是有人買，之後也會有人住，那我還瞎操什麼心呢？

回到自住的本質，若是處在預售的時候，買下這些沒有達到基本期望的房子，等到交屋時就會碰到大問題。因為實際上看到或是感受到，跟在圖面上是完全不同的物件。

你就會發現客廳不採光的問題在哪裡，發現不開窗的房間根本無法真正變成臥室等等，這裡要再次提醒，最近快要交屋的物件，有不少丟出市場轉賣，想要接手這些物件換約的朋友，千萬要想清楚自己的需求，同時把平面圖看仔細再做決定。

如果只是租房子一段時間，有些不方便或是不實用也許就算了，然而一旦真正自住以後，所有的基本期望又會回到標準需求，最後可能只好走向換屋一途。既然如此，就算是基本期望變成奢侈夢想，我們還是多看多挑一下，還是有些不錯的建案，建商在規劃上做足功課後，仍然有機會落實心中的夢想。

1-8

好冷，打狗都不想出門？ × 寒流下也有暖房

極端氣候，暖氣成標準配備？

從去年底的極凍天氣開始，似乎寒流就一波波接著來。大家都說，好冷好冷。俗諺說：「打狗都不想出門。」所以寧可窩在家裡。但是，其實家裡也很冷呀！

好些年前在中國大陸工作的時候，走遍十六個省會城市，最後得出結論是長江流域最冷。嗄？不是還有更往北的地方？當然，但是那些地方供暖，暖氣舒服又均勻，冬天的時候整間房子都是暖的。而真正更為南邊的地方，例如福建和廣東等等，相對溫度高一些，就覺得還好。只剩下長江流域變成均溫都在零度上下，這裡會下雪卻不供暖。

說回臺灣的房子，當時要搬回來時，我先生說一定要有暖氣。我還笑他說，臺灣哪要暖氣啊，偶爾冷一下就過了。結果，隨著極端氣候的變化，現在裝暖氣的家庭越來越多。我看要不了多久，就會變成標準配備。

如果嫌屋子冷，裝暖氣就解決了，也寫不成這篇主題，然而想讓房子能夠住得舒服，寒流來時仍是暖房，可以注意以下幾個部分：

首先是「方位」，以臺灣北部地區來說，東北風相當強勁，朝東北的房子，如果是高樓層，又在比較空曠的重劃區，可能連落地窗都不好開。到了冬天，朝向東北的那面牆，通常很冷很凍，連開暖氣都很難變熱，甚至更加耗能。假使自家朝東北的牆特別多，一路從客廳到臥室，那真的比較辛苦。

大家不妨試試看，把溫度計從南邊臥室，拿到北邊臥室，猜猜會差幾度？我在杭州家裡做過實驗，答案是八度，一般臺灣住宅的家中，大概也可能差三到四度。

其次是「窗簾」，如果家中的落地窗正好朝北，那就跟朝西的落地窗要裝厚窗簾防西曬一樣。記得要把窗簾加厚，窗簾是很有效的隔熱隔冷工具。現在的捲簾或是風琴簾，碰到寒流，真的比不上傳統的厚重布簾。很多現代大樓，喜歡設計低檯度的窗戶，這種下半截透明的窗戶，也是熱能流失的地點，不要忘記加強遮擋。

迴水供應系統，成為暖房標配

最後是「熱水供應系統」，家中後陽台裝熱水器的地方，距離衛

臺灣哪要暖氣，偶爾冷一下就過了！結果，隨著極端氣候的變化，現在裝暖氣的家庭越來越多。我看要不了多久，就會變成標準配備。

浴有多遠？熱水管埋在哪裡？在嫌不夠厚的外牆嗎？流經管線的熱水熱度，難免被冰冷的外牆消耗不少，這些都會影響日常的方便和舒適感。

很多房子的設計並沒有考慮到這點，每天洗澡就要放掉很多冷水，不僅造成浪費，也使得浴室更冷。如果給水設備安排妥當，不僅節能省電，每天都能舒服地洗澡。

進一步說，現在所謂豪宅等級的配置，應該會有一套像飯店的迴水供應系統，可以隨開隨有熱水，而不需要等待冷水放掉一堆。現在有一些新的社區，提供住戶自由選擇，假使需要的話，加裝迴水供應系統即可，相當方便。當然，高價位的預售屋已經直接將這套系統變成標配，都可在購屋前仔細瞭解。

另外，結構外牆也是一大重點，保暖隔熱本是建築進步的指標。如果是預售屋，可以詢問結構體本身的設計和牆壁厚薄，對於室內溫度有一定程度影響。

至於室內的裝潢設計，一般木地板比磁磚溫暖，家裡有老人小孩，還是選擇木地板，甚至冬天加上地毯，也是不錯的安排。若是住在透天厝，一樓肯定是最冷的地方，如果孝親房在一樓，更要注意室內溫度。

在寒流來襲時，很多家裡會使用電暖器，因為熱能及用電增加，免不了提醒注意插頭及用電配置。舊市區或是老舊房屋，就要留意是否有年久失修、用電負載過多的危險問題。

1-9

大樓外觀不重要？ ╳ 好不好看，問題可大了！

凌亂外觀，影響的不只是房價

說到現在的社區大樓，外觀其實是一件很重要的事情。先從中古屋說起，擁擠舊市區經常看到很醜的大樓外觀，不僅髒髒舊舊，冷氣隨便安裝，還有一些外牆漏水後的補救，明顯跟其他顏色不一樣，如果再加做了鐵窗之類，更是雜亂不堪。（圖 1-9）

很多人覺得外觀不重要，把自己住家裝修一下就好。殊不知，等到要換屋時，想要買房子的人，可能光看到大樓外觀就打退堂鼓了。

以青埔重劃區為例，幾乎沒有舊大樓，外觀就不是問題了吧？其實，問題可大了，這裡可以從好幾個方面來思考。

首先，早期有一家建商，似乎不太在意大樓外觀好看與否，把青埔的社區當「販厝」在蓋，一律磚紅色的外牆，不僅缺乏設計感，遠看很像是老舊國宅，而且每一棟都把建商名稱大大掛在外牆上。因此，這些大樓看起來都很相似，也難以區別。

最近建商更名了，開始願意花錢在外觀設計上，但是因為還在預售階段，所以也不知道蓋出來是不是真的不一樣，可以一掃過去作品的形象。

景觀設計，著重定位和維護

有別於此，頂級豪宅的建商，外觀肯定下重本，而且一定要豪氣外露。

也有建商專門「學習」類似的巴洛克風格，石材一樣用到足，也取個「什麼帝」、「什麼豪」的名字。有時學得不夠像的時候，難免被戲稱為山寨。

另外，還有兩個相距不是很遠的社區。一個標榜跟國際的景觀大師合作，花了成本在外觀設計上；另一個只說現在流行這樣的大樓外觀，設計也如出一轍。因此，在業內都說，誰抄誰相當明顯。

談到流行，建築物設計也有所謂的潮流，依照不同年代或是不同成本和定位，大樓外觀自然相差很大。

個人認為，好的社區大樓外觀一定要考慮幾個原則：

首先是定位一致。如果是首購小家庭，或是主打換屋大坪數，外觀應該要很容易區別，不要外面金碧輝煌，裡面卻走平價路線，或者反過來。最近有一個社區，因為都是四房的產品，卻因為外觀太過平實平淡，不免讓購屋者有點猶豫。雖然我認為耐看也很重要，但是有

擁擠舊市區經常看到很醜的大樓外觀，還有一些外牆漏水後的補救，如果再加做了鐵窗，更是雜亂不堪。

沒有設計感，還是有明顯差別。

其次，要容易維護和管理。有的大樓剛蓋好時外觀不錯，幾年之後，白牆上都是水漬和雨痕，也難以清理。整棟大樓看起來灰撲撲，說白一點就是很「掉價」的感覺。

最後，畢竟是住家社區，如果跟其他大樓比起來風格太過突出，肯定又會受到某些購屋者的偏好影響。具體而言，同樣是百坪的社區，現代波浪玻璃陽台外觀風格和古典雕花紅磚風格的兩棟社區，可說天差地別。兩者的購屋者一定不同，所以想要一網打盡，是很難的事。

總之，大樓外觀要有特色、要耐看，又要不褪流行，還是交給專業的來，希望各地建商推案時，也請花點精力在外觀設計上，才可以讓市容越來越美啊！

圖 1-9 舊市區外觀

1-10

結構技師生意做很大？ ╳ 制震宅是王道

結構當賣點，制震擺第一

最近看一間預售屋，代銷小姐指著一面有四位專業人士的照片牆，分別代表「建築」、「室內設計」、「園藝」、「結構」的專家，卻偷偷對我說：「前三個都不重要，可以不用管他們，只要看最後這位就好！」

本來我正在東張西望其他地方，立刻回頭仔細看，想說那三位專業人士真倒楣，被掛在牆上又說不重要。不過，最重要的竟然是「結構」，令我有些驚訝。

結構的重要性，當然無庸置疑，之前在營造業工作時，結構設計是關鍵重點，特別又是在地震頻繁的臺灣。可是真的很少看到建案把「結構」當作賣點，怎麼最近又被拿來當話題？

隔天，又發現另一個預售案的DM上，居然花了整面在介紹結構。還有另外一個預售案，把這種結構施工方式寫在工地圍籬上。不約而同地，青埔就發現三個，可見最近這位結構技師的「生意」做很大！

如果把結構當成建案賣點，應該是所謂制震宅。制震是一個比較大的概念，仔細區分下來，還有耐震、隔震、避震等，或是在構法上採用鋼構、SRC，以補一般RC結構的不足。

既然是建商和代銷強調的重點，那麼就表示比其他建案要好嗎？其他沒有採用這種專利工法的建案就不好嗎？我想，這才是購屋者關心的重點。

在九二一大地震之後，建築法規都做了大幅的調整，一般人最容易發現的，像是所有新房子都沒有騎樓，或是增加逃生梯等等，因此也有這樣的說法，九二一之後才開始蓋的房子就已經是制震宅了。

規劃再好，不如落實施工管理

進一步來說，剛剛提到的制震宅概念，包括地震時要減少搖晃、降低不適，例如一〇一大樓的阻尼器，不過這並不適用於一般大樓。一般大樓的作法是為了避免強震造成的扭曲變形、倒塌，或是倒塌時如何降低人命損失等。

那麼，強調這樣的工法就是制震宅嗎？答案並不是，只是在結構上提升韌性，也就是提高所謂的耐震度。真正好的建築物，其實還是好好施工比較重要。所謂的「一筆箍」鋼筋作法，就是避免施工的失誤，灌漿管理也是其中的關鍵所在，所以才說規劃再好，也還是需要落實

結構的重要性，當然無庸置疑，可是真的很少看到建案把「結構」當作賣點，怎麼最近又被拿來當話題？

施工管理。

如果真的被建案的結構訴求打動，進而想要購買的話，我想，還是先去檢視一下工地管理，才可以進一步確認有沒有能力落實。話說回來，這位結構技師推動的概念是對的，很多類似工法同樣使用在其他營造工地，都是為了成就更安全的結構。畢竟建築物起碼要用五十年，只要符合法規、運用專業、落實執行，也能達到同樣效果。

圖 1-10
除了外觀和表象，結構也很重要。

1-11

足夠且好用的衛浴 ╳ 創造屋內吸睛空間

衛浴規劃重點，量要夠！

以前的房子總把廚房、廁所當作不重要的地方，躲在後面，藏在裡面。

但是，現在的習慣，不僅廚房可以跟餐廳合在一起，成為全家人的活動中心，而且就算是衛浴，也能變成最吸睛的空間。

關於集合住宅裡面的衛浴，應該如何判斷是不是夠好？首先一定是「量」要夠，早期公寓幾乎找不到有兩套衛浴，通常三房也只有一套衛浴而已，意思就是沒有套房，大家習慣就過了。換成現在，如果三房只有一套衛浴，恐怕已經覺得不夠用。

可惜的是，在地價逐漸上揚的地區，居然又出現三房只有一套衛浴的規劃。我想，這樣的物件住起來應該沒有那麼舒適，因為萬一有人正在使用的時候，另外也有人內急，豈不是相當尷尬，而且考驗忍耐功力。

因此，衛浴該怎樣規劃，可以不太佔用空間面積，又能兼顧實用性，於是出現所謂一．五套的衛浴。其實那半套，就是只有「一半功能」的意思，像是馬桶加上洗手台，省掉了洗澡空間（有時，洗手台會加裝兩用水龍頭，附上蓮蓬頭和長水管，方便沖澡）。

真正完整的衛浴，稱作「四件套」，就是馬桶、洗手台、沖澡區和浴缸，這樣的配置通常出現在面積較大的房子，大部分會合併沖澡區和浴缸，或是一個衛浴是沖澡，另一個則是浴缸的配置。

在看平面圖時，可以仔細瞭解一下衛浴的配置方式。剛剛提到三房只有一套衛浴固然不是很妥切，但也有一個大套房卻只規劃了四件套浴室的案子。

坪數限制，衛浴的變通作法

近期觀察到一批屬於一．五套的社區，都正在興建中，當然是前一波房地產比較不景氣時，因應緊湊坪數限制下的產物。或是雖有兩套，但是都沒有浴缸，只有淋浴空間，也是節省空間的作法。

另外還有一種變通方式，就是把洗手台拉出來到外面，當有人在上廁所或洗澡時，其他家人就可以在洗手台洗臉、刷牙。此外，日本人都把馬桶單獨設置，變成一個很小的獨立空間，也是一種不錯的方式，只是對於我們而言還不太習慣。

最近參觀了一個社區，雖是三房兩衛，但是主臥室是淋浴，反而

早期公寓幾乎找不到有兩套衛浴，通常三房也只有一套衛浴而已。換成現在，如果三房只有一套衛浴，恐怕已經覺得不夠用。

把浴缸放在客衛，後來進一步整理資料，發現還不只一個社區這樣安排。這確實是比較奇怪的規劃，如今每戶居住人口少，主臥室大多是主人使用，想用浴缸泡個澡，也挺隨意和方便。倒是其他家人或客人使用外面的衛浴時，的確比較少會用到浴缸。

衛浴是給水區域，通常不太能夠做變更，購屋者在選擇上，遇到預售期間的物件，挑選自己喜歡的格局時，別忘了評估整體衛浴配置。

圖 1-11
光是置物架內嵌，就是很實用的設計。

1-12

強中自有強中手 ╳ 小心別被經濟格局沖昏頭！

房間小格局，意外熱銷？

其實這是一個反諷的標題，寫這篇文章歷經幾番掙扎，考量要不要點出這個問題。不過，既然都是事實，寫和不寫，恐怕差異不大，可能我是「標準高了一些」吧！

言歸正傳，最近在家裡附近看到有幾個案件，目前都在結構體或是剛下鷹架，準備後續裝修，等待明年交屋。

這些並沒有佔到疫情期間，房價起飛的好處，而是在之前房價較低時規劃設計的案子，都有一些共通處，例如，不是套房，卻一層多戶，或是有比較多戶是相對不好的格局，包括客廳不採光、有一房不採光，或只有單面採光、通風等問題。最重要的是，房間都很小，應該只有兩房的坪數卻硬塞成三房。

這些社區在預售的時候，可能吸引到預算較為有限的購屋客源，還是賣得不錯。

最近突然出現不少開始轉預售合約的狀況，有些看到目前預售單價一直飆高的購屋者，發現這些半預售屋有人轉單，立刻表示高度興趣，所以也有不少成交的行情。買的人覺得比還沒蓋的便宜，賣的人覺得太好了，先賺一筆落袋為安。

變更不易，回歸需求面

我不說投資，只談自住。如果要接手這些案子，恐怕真要有心理準備，因為規劃不好的格局，一旦交屋，所有缺點將無所遁形，這跟當初看平面圖、買預售屋的美好夢想，可是完全不一樣的感受。

那麼為什麼用「強中自有強中手」這個標題呢？因為我在其他討論平台，看到有人留言：「我的三房格局想要改一房就好，請網友幫出主意。」這種破解格局的問題，我很喜歡前去解答或是觀摩，只是一看之下快要昏倒，這是三房？發文者自己也知道室內很小，好像只有十二坪，算是很小的三房。可是，真的太小了啊，比我看到那些所謂三房還要小更多，因此只好下這樣的標題呀！

雖然以青埔作為參照，但是看到這種也叫「三房」，就表示這批以「經濟格局」著稱的幾個社區，似乎還算不錯了。總之，要買房的人，千萬別被幾房搞到昏頭，也別被預售的平面圖影響。

回歸自己的需求，仔細研究清楚到底格局的問題在哪裡，是否可以接受吧！否則接手了這些半預售的物件，馬上要面對使用問題的可是自己啊！

> 「我的三房格局想要改一房就好，請網友幫出主意。」一看之下快要昏倒，好像只有十二坪，算是很小的三房。可是，真的太小了啊！

1-13

開放廚房放不開？ ╳ 一切各取所需

變更既定格局，反而不易？

最近陪一位好友看房，我覺得價位、地點，甚至格局都很好，結果卻沒有後續，因為年輕準買主不喜歡這種無法改為開放式廚房的格局！

昨天晚上跟一位私訊我的陌生網友聊天，他的購屋條件之一，也是開放式廚房。

由此看來，年輕族群大多喜歡開放式廚房，覺得空間比較好運用。當然也有很多人不愛開放式廚房，覺得油煙會蔓延全家，除非很少開伙。

我覺得各有利弊，端賴自己和家人的決定。但是在建築設計規劃的時候，是否可以兩者兼得？這就有點考驗功夫了。就賣屋端來說，最好是那種可以開放，又可以封閉的格局最佳，當有人嫌棄開放式廚房，就說這裡可以隔起來，有人不喜歡封閉式廚房，就說這面牆可以打掉，這樣豈不兩全其美？

就購屋端來說，我是不鼓勵隨便變更格局的，其中有很多原因，先說廚房就好，因為很多格局，一旦設計成開放式，其實很難再有隔間，硬要隔起來就變成非常侷促。反過來說，已經是封閉式廚房，就會發現怎樣也拉不出外面空間，頂多只能弄個不是很好用的中島充數，最後都會變得很勉強，達不到開放空間的效果。

買屋先看清，省事又省心

像青埔這樣的重劃區，因為新建案多，而且有不少針對年輕族群的小坪數，所以開放式廚房看起來比較多，特別是某些一房、兩房的物件，根本就把「客餐廳廚房」放在同一個空間，說實話那個位置也說不上是廚房，只能算是料理檯或是吧檯。

大坪數物件也喜歡做成開放式，好像顯得更為大氣。只是遇到格局問題，千萬別想說交給室內設計師就能了事，一切並非那麼容易解決。

總之，既然開放式廚房和封閉式廚房各有擁護者，我認為在購屋時就各取所需，不要屈就或是硬要購買，在廚房的主要組成部分，維持原始建商的規劃是最省事和省心的決定。若是加個電器櫃、調整冰箱位置，或許還能夠簡單些。一旦牆面、給排水區，或是爐台想要進行大調整，就根本不划算了。

廚房開不開放，各有利弊，端賴自己和家人的決定。但是在建築設計規劃的時候，是否可以兩者兼得？這就有點考驗功夫了！

1-14

隔間牆和隔戶牆哪個好？ ╳ 隔音和共振才是重點

沒有鄰戶，就是賣點

常常有人發訊息問我，這個格局好不好？或是要買其中一戶，要注意那些事情？都會請對方不要只傳那一戶格局給我，我想要看一整層的配置圖。

整層配置圖，除了看樓電梯間，當層幾戶，出入動線等等，最重要的，其實是看「隔戶牆」。

最近看到一個售屋廣告，標榜這個戶型沒有跟隔壁相連，這在集合住宅裡面，算是比較少見的物件，因為就連一層只有兩戶，也可能和隔壁相連啊！

既然廣告有特別提出隔戶牆，表示沒有臨戶就是賣點。因為集合住宅的隔音和共振，有時真的很難避免，比較講究的建商，則會加厚隔戶牆。

如果有看過建築裝修階段時的工地，應該會對自己這一戶和隔壁那戶當中有一個「牆洞」很有印象，意思就是你可以從這一戶走到隔壁戶，表示隔間牆（室內隔間的牆面）和隔戶牆（兩戶相隔的牆面）基本上相差不多。

隔牆那面的用途，才是關鍵

這樣就知道重點了，交屋後若是要做室內裝修，有時候會想擴大空間，而把某一面牆給打掉，仔細留意那面紅磚牆，恐怕和隔壁鄰居的隔戶牆，厚度根本沒有區別呢！

如此一來就知道，為什麼需要在意牆的隔壁是什麼用途了。如果家中客廳的隔壁也是客廳，至少作息還有比較大的機會差不多，大不了就是聽到對方在看什麼電視節目。

但是，要是隔壁的客廳貼著你家的孝親房？貼著主臥室？貼著孩子要讀書的書房？那麼就只好期待對方不要太吵，而自己不要太淺眠，或是容易受影響了。

有的房型外面不是隔壁，而是公共空間，或是有很長一大段牆面，相鄰是梯廳，就像我們住旅館時一樣，有時會聽到別的旅客回房，也會聽到電梯抵達和啟動的聲音等等，或是大家在樓電梯間講話的聲響。

最近有好多新銷售或是即將交屋的社區，一層都有很多戶，戶戶相連到天邊的狀況又特別明顯。有些戶別從客廳到每個房，都和別戶相鄰，碰到有噪音的機率當然又更多了。如果可以挑選，當然是先選隔戶牆較少的戶型。

交屋後若是要做室內裝修，有時候會想擴大空間，而把某一面牆給打掉，仔細留意那面紅磚牆，恐怕和隔壁鄰居的隔戶牆，厚度根本沒有區別呢！

1-15

你家冷氣放哪裡？ ╳ 源頭規劃先做好，後續沒煩惱！

留意格局圖，確認冷氣安裝處

還記得窗型冷氣時期，每一個房間都有一個高高的冷氣口嗎？而且另外一種窗型冷氣，會把房間的窗子擋住一半？經過住商混合大樓，抬頭一看，冷氣機到處亂掛，外牆看起來不是很可怕嗎？

如果是一個全新的重劃區，基本上所有大樓都沒有上述這些問題。冷氣（或是說空調）就一定在它該在的位置上，也就是說，建商都有規劃，真的是這樣嗎？

讓我們來思考看看，就算有所規劃，還是要注意一下哪些問題。首先，是真的都有規劃嗎？正在看預售屋的朋友，先把建商給的格局示意圖拿出來，其實，很多建案並沒有將冷氣要安裝在哪裡畫出來喔！有的甚至直接說，到時候再由管委會統一規定云云，通常等到管委會規定，那可就太慢了呢！

某個社區曾發現有一戶冷氣放在樓電梯間外面，不是放在規定的後陽台隔柵內，雖然正好被女兒牆擋住，但是那一戶還真是與眾不同。結果管委會一查，發現住戶買的是實品屋，當時由建商發包的室內設計廠商所安裝。咦，豈不是建商自己帶頭違規，如此讓管委會情何以堪？

怎麼擺？擺哪裡？都是學問

建商目前規劃的冷氣位置，大多在後陽台上，這時就要思考一下，位置究竟夠不夠？如果是規劃四房，可能就要很多台冷氣，假使預留的位置過小，最後只能遷就一對多，或是硬要安裝更多台，因而影響散熱效果。

再說，因為目前小坪數當道，自家後陽台跟其他戶的後陽台太過靠近，一戶開空調，附近陽台區域跟著散發熱氣，逼得自己也要開空調才行。或是家中坪數很大，但是最常開空調的主臥室，卻離冷氣擺放的位置最遠，冷氣管線要拉很長。

再或者，兩房格局其中一房外面的雨遮，是全戶冷氣擺放位置，所以只要家中另一房開空調，這一間就不能開窗喔！

以上這些看起來都是小問題，但是很多購屋者都等到找冷氣廠商時，才發現有很多限制，若能夠請建商在最源頭規劃時，就替使用者多考慮一下，好好規劃位置及實用性，才是正確的作法。

正在看預售屋的朋友，先把建商給的格局示意圖拿出來，因為很多建案並沒有畫出冷氣要安裝在哪裡喔！

1-16

走入式衣櫥的夢幻感 X 美觀之前，除濕先做好！

夢想需求，卻使空間侷促？

如果要選一些夢想中的居家空間設計，我想開放式廚房、吧檯、走入式衣櫥，應該可以名列前三名。

曾經在很多居家設計的網站和社群，都可以看到設計師努力完成業主（通常是女生）的夢想要求，硬是想要在不適合的空間，隔出所謂的走入式衣櫥。然而正方形的臥室，反而不如長方形臥室容易處理。

目前我看過有的社區個案，乾脆在主臥室空間直接設計走入式衣櫥的空間，也可以說開放式衣櫥，通常採用這種收納方式的衣櫥，不會再另外做門扇和門片，方便一眼看到所有衣服。

乍看這樣的規劃，可能會非常開心地覺得，不用另外規劃就是一個走入式衣櫥的空間，豈不是太棒了？但是仔細觀察一下，卻發現這個空間把可以擺放衣服的數量完全限制住了。意思就是主臥室本身，若是未來要想再放進衣櫃，就會更小了，衣物只能擺在這個空間內，才不會覺得分散。

反過來說，若不喜歡走入式衣櫥，想把這個小空間另做他用，一時之間也想不出最好的方式，假使改成小書房、梳妝區，不放衣物也很可惜。

濕度問題，最大的挑戰

如果要在一個小空間內擺放衣櫥，如此又非得做門不可，反而更為不妥，因為不管是雙開，還是橫向拉門，都會把空間變得更加侷促而已。

這時候應該怎麼辦呢？多數人可能認為：「那就交給室內設計師吧！」這樣說起來，也對也不對。有時候因為主臥衛浴是屬於給水區域的關係，新交屋的時候若要整個乾坤大挪移，根本不合算也不實際。如果真的不喜歡如此的空間，我會建議直接放棄這樣的物件，另尋規劃上可以更有彈性的房子。

對於歐美比較大空間的室內規劃來說，走入式衣櫥確實比較方便，找一件衣服不需要翻箱倒櫃，把每一扇衣櫥門都打開看看。而且現在所謂的不做門扇，通常還是會有抽屜，開放的地方屬於衣物吊掛區，或是還要搭配五金網籃之類，變化非常多，相較於傳統衣櫃排排站，看起來真的比較時尚美觀。

除了評估個人的使用習慣和衣物數量多寡之外，臺灣和歐美的居

> 不用另外規劃就是一個走入式衣櫥的空間，豈不是太棒了？但是仔細觀察一下，卻發現這個空間把可以擺放衣服的數量，完全限制住了。

住環境，最大的差異在於濕度。如果走入式衣櫥一定要跟衛浴門相連，就更要做好除濕，否則洗完澡出來，就會把吊掛的衣服沾上水氣，那可不是一件好玩的事情。加上採光和開窗，恐怕要衛浴和走入式衣櫥區都可以開窗，那更是難上加難，這才是使用時應該要注意的重點。

圖 1-16
衣櫥配置和臥室的使用，關係最為密切。

1-17

房型方正和細長 ╳ 採光是關鍵

打掉重練，只為採光？

我們在看房子的時候，一定會聽到這個房型很方正的介紹，意思就是沒有「缺角」。

對於有缺角的房子，在風水上可能因為方位不同，而有不同影響的說法。但是，這篇不是要說缺角房子的風水什麼，而是要說一下方方正正的房型，還分成長方形和正方形。

臺灣式公寓房子的特性，通常都是長長的連排，只有前後採光，當中的房間都一定要開燈，然後有一個長長的走廊。很多人買老屋，在打掉重練時，都要挑戰怎樣讓這種房子可以採光？或是怎樣破解廚房在房子最後面等等的問題。

長方形比正方形的房型好用？

這裡我想提出一個比較不同的觀點，那就是長方形比正方形好用。

一般來說，正方形的意思就是兩邊的長度相近，所以配置的時候，比較像一個「田」的概念，就是右下角是客廳，右上角大概就是餐廳，然後左邊上下各有一到兩個房間的意思，這樣的配置，可以說幾乎無懈可擊了。但是就採光面來說，如果只有兩個主要面採光時，通常當中的過道就會比較陰暗，就是說房子正當中，距離光線肯定略遠。

長方形的房子，如果是以前古老的格局，畫起來會像是「目」字的概念，前後採光，當中不採光，現在的大樓則有機會呈現「四」的概念，採光是上下比較長的那面，光線進來沒有阻擋的話，全戶會亮晃晃的，白天都不用開燈。當然，這樣的說明純粹就採光面來談，還要看方位和樓層，但是長方型比正方型的採光更好，應該是沒問題的部分。

圖 1-17
房型和採光好壞很有關聯。

> 臺灣式公寓房子的特性，通常都是長長的連排，只有前後採光，當中的房間都一定要開燈，然後有一個長長的走廊……。

1-18

交通噪音房應該怎麼辦？ ╳ 隔音窗不能算首選

魔音傳腦，影響生活品質

最近看了一間非常喜歡的房子，一週內總共看了三次，最後在幾度考量之下，忍痛放棄，主要因為噪音問題。

以青埔的交通噪音來說，兩大明確來源就是高鐵和機場捷運。假使把青埔的地圖攤開來，很快就會發現，高鐵噪音困擾，其實在進入地下化後就消失了，也就是說，從還不到A18就已經沒有高鐵噪音問題，那麼剩下的問題就是機捷貫穿了。

一般來說，交通噪音的來源包括飛機、火車、汽機車，製造噪音的設施則包括機場、交流道、高架橋、捷運車站，甚至是公車站……。在人口密集之處，交通噪音無時無刻魔音穿腦，嚴重影響居住品質。所以多數人想選擇開闊的一些新重劃區，用以避免市區嚴重的交通噪音問題，應該也或多或少有關係。

買房時要不要距離捷運站近一點，也是需要思考的選項，如機捷或是臺北的木柵線，都是高架設計，因為這樣的捷運，高速通過、進站減速、出站加速，是三種不同的聲音，通常出站加速的聲音最大，而且比較難以忍受，好比汽車經過所製造的噪音，差不多也是如此。

有段時間，我隨先生在中國大陸一個四線城市工作，當地馬路開得很寬，又沒有機車噪音。我們選了一個在高檔小區邊緣的屋子住下，結果後來才發現，這條平常沒什麼車子的大馬路，在清晨五點左右會有大貨卡經過，偏偏這個路口設有紅綠燈，所以每當大貨卡煞車和起步，在一個大清早，就真的是擾人清夢了。

減輕噪音危機，多做隔音牆

相比之下，住在大馬路口的交通噪音，和高架橋邊上的噪音，可能前者反而比較令人煩惱，因為大多是瞬間產生的高分貝。以青埔地區來舉例，大貨卡多走高鐵南北路，而穿過青埔市區，只會偶爾走領航南北路，這三條馬路的大車流量是不同的。假使真要選擇住在大馬路邊，也可以觀察一下。

順著高鐵南北路的機場捷運，有比較嚴重噪音的地方，是在轉彎進入A17的時候，雖然加了隔音牆，但是那邊的社區居民應該仍然有感覺。另外一頭是A19的站體，這裡也有比較多社區，但是影響性仍抵不過轉彎的那段。

再說回高鐵的噪音，也是聚集在進出地下段的地方，假使真的實

一般來說，交通噪音的來源包括飛機、火車、汽機車，製造噪音的設施則包括機場、交流道、高架橋、捷運車站，甚至是公車站。

際測量，可能都已經達到危害健康的地步了。記得之前附近有社區推案，鄰近機捷軌道的那幾戶就特別難銷售出去，現在高鐵進出地下道，好像也有大案在銷售，建商表明會做加強隔音窗，就是知道這樣的噪音其實頗為嚴重。

隔音窗絕不是我覺得可以接受的唯一選項，除非從早到晚都不開窗，那麼住回市區不就好了？要不然是真的實際嘗試過，對噪音不在乎，不然，只好忍痛放棄。積極一點來說，我倒認為附近有地的建商可以一起說服高鐵公司，把隔音牆繼續多做，做出青埔的範圍，也就是機捷的轉彎處，其實不過就多幾個路口而已，相信對於整個青埔的社區發展會有更大的幫助。

圖 1-18
捷運、馬路口，甚至機場都是噪音來源。

1-19

醫療院所的必要與其惡 ╳ 其實心理因素比實際需求大

沒有醫院，竟成缺點？

當我們評估要不要買某一個特定區域時，關於生活機能的需求層面，除了食衣住行之外，肯定會有醫療這一塊，甚至有些還會把醫療齊備與否，和退休宅的規劃相連，覺得空氣好、綠地多，非常適合退休族群。

但是，如果沒有醫院變成一種缺點，有些重劃區開始執行的時候，甚至連一間診所都沒有，那該怎麼辦？以青埔為例，大病小病都要往外跑，當時第一間家醫小兒科診所要進駐時，居民用「普天同慶」來形容也不為過。

最近因為疫情關係，醫院感染變成大家聞之色變的話題，有人開始覺得好像真的不用離醫院太近，以免越近越危險。所以趁此機會來討論一下，到底好的住家條件，跟醫療院所的關係是什麼？

在生活上需要「使用」到醫院，大概不外乎三種狀況，首先是門診，其次是急診，再者是住院。大家都會覺得離大醫院近，門診方便，其實現在鼓勵醫療分級，一般疾病就在附近診所就好，不要都往大醫院跑才對。

急診則是一種相對的「安心感」，一般人會用到急診的機會並不多。我舉自己和家人為例，一次緊急事件撥打一一九，不到十分鐘救護車就幫忙送到了壢新醫院，另一次則送到衛生福利部桃園醫院，若是真的需要急診，路程其實不遠。

住院也是一樣，真有需求，從青埔住家跑個幾天下來，也真的還好，個人住在這裡及附近七、八年，全家也就兩三次住院，其中一次還是女兒生產。

因此，有沒有醫院，我覺得心理因素比實際需求大，然而診所就不同了，經常需求的可能性高多了。但是說實話，希望診所離住家近，是要多近？就在樓下？有的時候，太近反而把缺點暴露出來了。

醫療院所，也會左右房價

之前從事零售業的時候，曾把診所的優劣點（受歡迎程度）仔細排過順序。

其中最能提升房產價值跟便利性的診所，首推牙科，簡直就是燈光美氣氛佳的代表；其次則是婦產科、眼科；然後接著是皮膚科、復健科；最後面的才是耳鼻喉科和小兒科內科。

> 如果沒有醫院變成一種缺點，有些重劃區開始執行的時候，甚至連一間診所都沒有，那該怎麼辦？

因為前來看診的人是帶來商機？還是帶來病毒？確實是很現實的問題。如果住家社區一出來，每次不是復健的輪椅排上一排，就是大人小孩都在咳嗽和發燒，總是不太美好。

說回醫院也是一樣，大型醫院固然方便，但是就房地產來說，很多大型醫院都有所謂陰面、陽面。臺北有家醫院附近有一條巷子，房價硬是一坪比附近少掉十幾萬，明明相距很近，也就轉個彎而已。

究竟是什麼原因？因為這條巷子直通太平間，從巷子離開醫院的人，可以說都是躺著離開，永遠也不會再回來，還會經常看到禮儀公司車輛來回穿梭。

很多人也把急診室附近列為陰面，倒不是急診就會救不回來，而是因為整個氛圍，除了救護車之外，醫護人員也是備戰的狀態，出入急診的人也都緊張急促，如果住家就面對急診或是附近，心情難免受到影響。

青埔這個重劃區，目前應該沒有大型醫院的計劃，一些醫療或是生醫研究單位等規劃，有的還在紙上作業，變數仍多，而且也只是個辦公場域，不是實際執行醫療的單位。據說最近的醫院會在A16附近，那也是等航空城土地徵收後才會有下一步動作。

最近有很多診所陸續開始營業，家醫、小兒、牙科很多，也有婦產科、皮膚科，連中醫也不只一家了，而且旁邊多設有藥局，所以青埔的醫療設施，我覺得已經達到及格標準。

當然，如果復健科、眼科也能夠相繼入駐，沒有大型醫院，關係也就不大了。

1-20

凸陽台和凹陽台╳實用、美觀、安全，缺一不可！

凹陽台，穩固牢靠

陽台有兩種，凸和凹。因為設計和施工的方式不同，所以陽台大致可以分成兩種，看看自己家裡或是想要買的房子，陽台是哪一種？用途和優缺點也不同。

大部分的後陽台都是所謂的凹陽台（圖 1-20-1），就是從建築物外觀比較看不到，是凹進去的，所以比較容易加個窗戶，就變成半室內用，其中可能有一些違規使用，也有很多新社區不給加窗。

這裡的重點不是要討論是否違規，而是點出不同陽台的特性，凹陽台給人穩固牢靠的感覺，就算不加窗，兩側通常也是實牆，所以做個儲物櫃或是半儲藏空間，也是很容易。早年建築的陽台外推，大多為此類，也有很多前陽台就是這種形式，更容易被拿來加個高架地板，變成一個小和室。

凸陽台，景觀美好

但是凸陽台（圖 1-20-2）就萬萬不可這樣想啦！如果以後房子一老，施工又有安全問題，這種陽台其實具有一些危險性。

因為大部分凸陽台屬於四周懸空的設計，通常稱為景觀陽台，很多建案使用透明玻璃當作欄杆，這樣的陽台別說外推，擺個東西都很困難，大多拿來種種花，或是根本閒置在那裡。

如果深度不足，觀看景觀就只能站著，連椅子都放不下。若是深度夠，景觀也不差的話，擺上一套戶外桌椅，偶爾坐看風起日落，也是不錯。

但是青埔風大，加上下雨天冷，或是西曬等因素，戶外陽台的使用頻率普遍不高。

總和來說，凸陽台要略有深度，圍籬高度也要略高，才夠安全，也才適合養花草和偶爾小憩一番。凹陽台，則盡量保留陽台功能，不要輕易想到納入室內使用。青埔早期有建案把陽台做二工處理，總是不那麼妥當，更早期以前，還有建案做成陽台進出，倒是一種非常棒的規劃，陽台等於可以做玄關了，可惜後來也很少看到類似案子。

目前有不少建案，在陽台種起了樹，可惜因為後期維護不當，經常看到住戶把樹養死了，不免可惜。或許大家可以一起來想想怎樣美化陽台，讓居家變得更美麗。

大部分後陽台都是所謂的凹陽台，就是從建築物外觀比較看不到，是凹進去的，所以比較容易加個窗戶，就變成半室內用……。

圖 1-20-1 凹陽台

圖 1-20-2 凸陽台

1-21

套房的天差地別 ╳ 首選麻雀小、格局正！

小套房，重格局

說到套房，可不是「被套牢」的房子，我這裡分享的都是「用來住」的房子。咦？套房拿來住？不都是用來收租嗎？

其實，現在每戶平均人口越來越少，獨居人數也繼續增加，就算是階段性，也有很多真正自己住的需求存在。所以，來看一下真的用來住的套房有什麼不同。很多人可能會說一房坪數又小，哪有什麼變化可言？怎能天差地別？那就且聽我道來。

這裡試舉三個所謂一房的案子，兩個預售、一個成屋，坪數相差不大，其中差異還是在採光面。

第一個是一般標準的案子，印象中的套房，其實就是長得像旅館房間。打開門，一邊是廚房，走進去可以隔一個小客廳，然後就是床，最後是窗戶。雖然浴室採光，但是其他的採光面真的很有限。

第二個案子，採光面就大多了，格局是橫著來，若是需要隔間，也可以讓客廳和臥室都採光，此案正好又是邊間，所以衛浴也開窗了。

再來第三個案子，真的隔成一房一廳，雖然衛浴不採光，但是房間和客廳都採光，基本上可以說相當方正。

內外之分，感受家的溫暖

過去很少看到「橫著擺」的套房，如此一來，採光面就大多了，整個廳房都採光，還真的隔出了一個房間。

上面三個案子的後兩種，自己一個人住確實相當舒服，佈置起來也有內外之分，不會老覺得住旅館。就算是兩個人，因為有兩個分隔的空間，想要各做各的事情，也不像住旅館一樣會彼此干擾。

可惜的是，大部分的一房都比第一個案例格局還要糟糕，真的像旅館一樣，一進門就是衛浴。青埔有一個案子，一層十幾戶，非常靠近高鐵站，我覺得要是長期住下來，應該還是缺少一種家的感覺。

很多銷售人員或是購屋者，都覺得反正是投資，所以格局不重要，真的是這樣嗎？我覺得就算是一房，也是可以挑到好格局，千萬不要放棄比較！

過去很少看到「橫著擺」的套房，如此一來，採光面就大多了，整個廳房都採光，還真的隔出了一個房間。

1-22

天下沒有十全十美的房子？ × 關於好格局的迷思

一字型廚房，難以打破限制

這裡用一張圖說故事（圖1-22），重點並非建案本身，只想分享一些可能比較少人提到的觀點。

這張平面圖已經說是三房，而且強調功能，看起來對自己的格局頗具信心，但是，其中仍然可以發現兩處限制，若是往後想要選擇類似的格局，一定要好好思考。

首先，這裡很難變成開放式廚房，我的重點不是討論開放式廚房好不好，而是格局設計成這樣，除非犧牲房間什麼的，否則很難打破一字型廚房的限制。此外煮飯的時候，備餐檯不夠長，做起事來也會施展不開。加上沒有地方可以放電器櫃，一旦拉到餐廳因為牆面不足，只好放在對面，真正用起來還是不那麼方便。當然，這張圖沒有尺寸，但是建商廣告通常只會美化，實際尺寸不太可能更好用。

兩套衛浴，卻沒有浴缸？

此外，兩間浴室都沒有浴缸，我也不是要討論浴缸好用，還是淋浴好用，而是這種格局若想要放浴缸也放不下，既然都有兩套衛浴了，卻沒有預留浴缸空間，倒也是一種遺憾。

一旦明白格局限制，就能進一步考慮要不要買，現在新推的建案很多，正好可以好好比較，在競爭激烈的地區，得從規劃開始就呈現專業與用心，才能讓產業往正向發展。

我知道，天下沒有十全十美的房子，價格、地點是購買房子更重要的因素，然而，房子是用來住的，我希望從真正好用且好住的生活角度，回推房子的實用價值，才是購屋者、銷售者，以及建商可以「三方三贏」的關鍵。

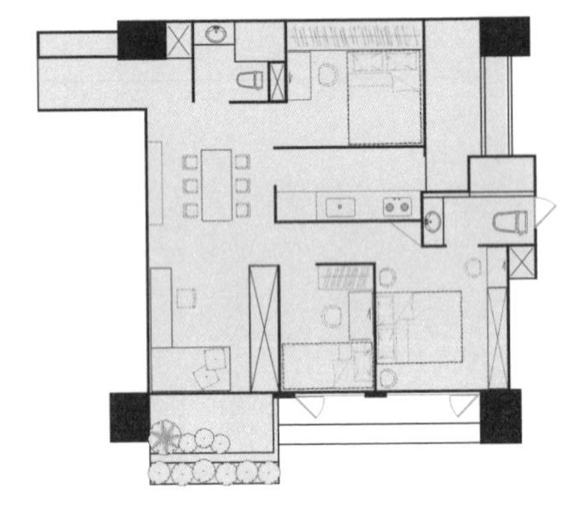

圖 1-22 三房格局平面圖

平面圖畫出三房，而且強調功能，看起來對格局頗具信心，只是既然都有兩套衛浴了，卻沒有預留浴缸空間，倒也是一種遺憾。

1-23

社區坪數大小分佈，怎樣比較好？

首選均一坪

多種坪數，任君挑選

買房子當然要「量力而為」，而且還得依「需要而為」。兩房、三房、四房，每個人的需求都不同，如果你的社區裡面大小坪數差異太大，又會怎樣呢？

一個建案如果相差坪數很大，從小到大都有的話，在銷售期間可能比較有機會大小通吃，意思就是只要你來，這裡各種坪數任君挑選。但是，一旦各戶的總價相差拉得太大，難免出現住戶彼此條件相差較多的狀況。

這裡不是說買大坪數就比較優質，而是因為不同坪數所產生的人口結構，甚至生活作息也可能有較大的落差。

因此，我們可以發現，均一大小可能是住戶素質單純的因素之一，否則為什麼整個建案只有一種坪數的選擇呢？

坪數差異小，管理越容易

大部分的建案，應該是兩者兼具，例如以三房為主，但是有大有小，或是三房、四房都有。若是建案從一房到四房通通有的話，社區管理肯定會變得複雜許多。

這裡面還牽涉到每一棟的分配，如果把小坪數集中一棟，跟大一點坪數分開，或是同一棟、同一樓層就有大小坪數，則又完全不同。

以我的看法，當然是坪數相差越小，整體社區管理就越容易。再偷偷地補充說明，如果要買小坪數，買在大坪數旁邊，應該是不錯的選擇，這句話深究起來，就是如果都要買大四房了，旁邊卻有兩房的，可能就不如一律大四房的社區囉！

圖 1-33
坪數接近的建案，較好管理。

均一大小可能是住戶素質單純的因素之一，否則為什麼整個建案只有一種坪數的選擇呢？

1-24

大怒，客廳竟不開窗？ ╳ 不採光影響甚鉅！

暗廳明房，實在是太神奇了！

之前有一個預售階段的新建案，看到廣告平面圖竟然讓我大怒，原因在於一層五戶，竟然有四戶的客廳沒有採光！

關於建案本來就會有「肥肉瘦肉」的考量，難免出現一些規劃不是很好的單位和戶別，有時真的不得不，我又不是不食人間煙火，當然知道建商要將本求利。但是，怎麼可以為切成小坪數，搞到這樣多戶是客廳沒有採光的爛格局？

不要說什麼「青菜蘿蔔各人愛」，難道會有百分之八十的人喜歡客廳沒採光嗎？或者要說，因為小坪數或預算不夠，若是買個七、八十坪的房子，客廳就一定有採光！

不，請不要欺負首購族和小家庭，好嗎？一個建築物是要看五十年，不是只有建築師在畫畫圖的幾個月，或是在賣賣預售屋的幾年，結果蓋出一個格局改都不知怎樣改的房子，心裡過得去嗎？

好吧，我大概是太震驚了，這個房子還是有人會買的吧。但是，不管是住套房還是兩房都一樣，假使往後客廳需要一直開著燈，否則一進門就會暗暗的，確實不是一個好格局的樣貌。

風水上說，房子要明廳（前景開闊）暗房（安神助眠），居然有人可以規劃相反的暗廳明房，這實在太神奇了呀！

格局好壞，影響甚大

之前專欄分享過客廳不採光，立刻就有人說其實建商挺不錯的，建材用得很好，怎麼不提房子的優點……。

這裡再說一次，請賣房子的、賣建材的、賣土地的、做房屋廣告的各位，都先站旁邊一下，我只說了畫圖的，對，就是建築師或設計師，如果圖是你畫的話，這裡想請教一下，是什麼理由不能把格局弄得更好呢？（答案可能是建商逼你的，哈哈！）

我覺得一個建築物，就是至少要使用五十年，大家花了這樣多錢買房子，一個不好用的格局影響甚大。我相信參與建案的人都是專家，正因為具有專業，才用專業的標準來期望啊！如果是我畫的圖，當然就不用期望，因為我又不是專業建築師。

所以，我的用意不是要批評引戰，只是想要透過一些分享，讓建案各種分工的參與者，大家都能朝向好的方向前進。（圖 1-24-1）

再舉兩個小坪數的例子，用來凸顯兩房也可以採光，三房不是更應該要讓客廳有採光嗎？

風水上說，房子要明廳（前景開闊）暗房（安神助眠），居然有人可以規劃相反的暗廳明房，這實在太神奇了呀！

一個是成屋（圖 1-24-2），已經蓋好五年，在 A17，兩房及客廳都有採光。另外一個則是預售（圖 1-24-3），一樣是類似的角度，在 A18，客廳房間都採光。如果真要參考其他地方的建案，我相信規劃好的格局一定還有很多案例。此外，我既不是什麼營建署官員，也不是房屋雜誌主編。我只是羅姐，如果有人為了各種原因硬要說：「客廳有沒有採光不是重點，買房子只看價錢！」那麼只能說，我們要尊重彼此對於這件事的看法。

買房子是多元的決策，其中的原因有百百種，有的人不一定會因為格局買房，地點和價位可能真的更重要。但是就像吃蛋炒飯，鼎泰豐比巷口小店貴上好幾倍，巷口小店難道可以說：「因為我比較便宜，所以難吃是應該的！」蛋炒飯都不可以找理由做得難吃，請問幾百、幾千萬的房子，有什麼理由不能把格局弄得更好呢？

圖 1-24-1
採光與否，是美好家居的重要元素之一。

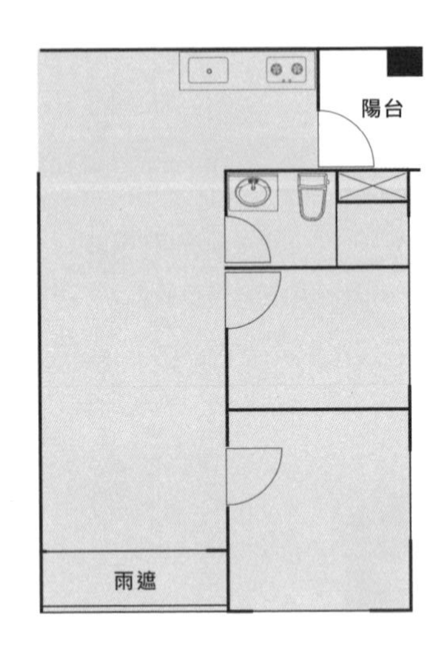

圖 1-24-2 格局平面圖

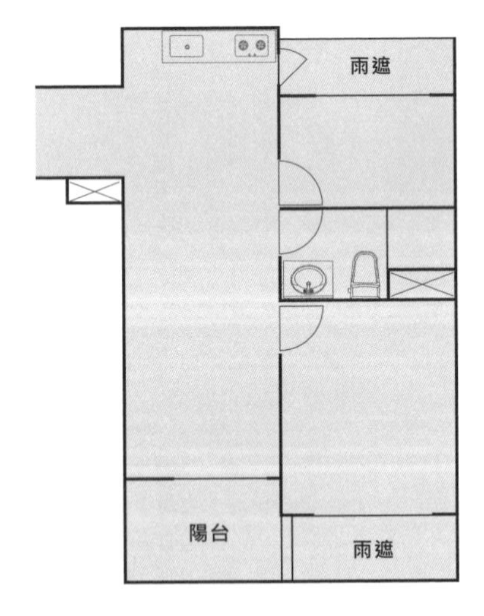

圖 1-24-3 格局平面圖

1-25

你家樓下也有店面嗎？ × 好與壞，見仁見智

點評觀點，由小看大

先說一個笑話，買汽車也是一件人生大事，其中包括外觀、引擎、馬力、價位、保養等等，都是另外延伸的領域。

記得一次，我在做消費者訪談時，怎樣都問不到一位女性駕駛的購車原因，後來她才小聲地說：「我試了幾部車，發現你們駕駛座底下的空間多一點，正好可以塞下我們公司的制鞋，其它車子不行。我一上車就可以換上自己的便鞋，就決定買它了。」

先前在「羅姐談好房」專欄，連續寫幾篇個人觀察及觀點之後，發現只要說到某個建案的缺點，馬上就有人跳出來說點評得不夠完整，抓著小事不放等等。

這裡想要說明，只是切入不同角度，並不是要點評某個建案社區，而且客廳採不採光和建材無關，後陽台能不能有日照也和是不是上市建商公司無關，只是借助一個思考的切入點，使大家在買房時能夠更全面性的評估，畢竟那是一生中很大的花費金額。

沒有店面，反而加分？

回到主題，社區有店面是件好事嗎？一定又會分成兩派，常

常聽到有人說：「建案有店面才可以多賺一點錢！」那麼沒有店面的建案，是不是賣點呢？我們可以回顧一下建商代銷推案時，如果把一樓無店面當作賣點，當然那就是了。

例如，一樣在青埔的領航北路，華固天圓社區沒有店面，感覺就比同期推出的另個物件顯得有氣質一些吧？再看一下兩個案子，如果一個一樓全部做為公設，一個還是規劃了店面，雖然不知哪時才會有開店機會，感覺肯定不一樣。

實際看來，一個沒有規劃店面的社區，也許對住戶在方便性上來說，就是只好到其他地方消費。

除此之外，沒有店面在社區管理委員會的角度看來，畢竟單純一些。現在很多建商，都會在住戶公約裡面，約定店面不得從事某些特定的行業，以保障其他住戶的權益。但是，有時還真的難以面面俱到，尚且不說餐飲業的油煙及廚餘問題，光是超商的「叮咚」聲響、二十四小時招牌的光害，仍是待解決的煩惱。所以，沒有店面是加分，應該是對的吧！

常常聽到有人說：「建案有店面才可以多賺一點錢！」
那麼沒有店面的建案，是不是賣點呢？

1-26

住幾樓比較好？

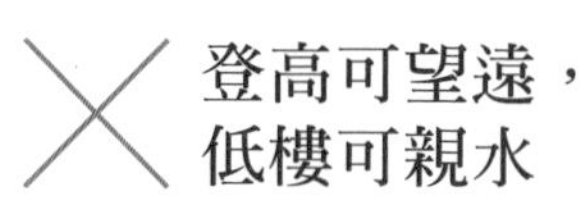

登高可望遠，低樓可親水

住低有庭院，買高怕地震

每次談到這個問題，好像就回到「青菜蘿蔔各人愛」的狀況。

當年住在上海的時候，曾經碰到當地的房仲說：「你們臺灣人最喜歡一樓，一樓都是臺灣人在買，買不到就買二樓。而且臺灣人不喜歡超過二十五層的高樓層！」感謝他的分析，身為臺灣人，我猜前者是認為有院子可用，或是出入方便，後者則是因為怕地震吧！

在青埔，目前最高樓層是太子馥三和冠德青樸匯，都是二十六樓吧？但是，中悅建設剛剛把圍籬豎起來，上面清楚寫著要蓋地標三十三樓的建築物。而最低的集合住宅社區，大概就是A17附近的帝一莊，好像只蓋了六樓呢！

在預售屋或是先建後售開賣時，大部分的定價都是多一層大約每一坪多個幾百到一千元，所以低樓層和高樓層相差幾十萬到幾百萬，是很普遍的現象，就看消費者是否因為價差而改變樓層選擇。

關於樓層還有很多故事，例如不要四樓、不要二樓，或是不要中繼水箱的十三樓、不要頂樓等等。

越高越安靜，那可不一定？

在此分享一些不太一樣的觀點，例如水岸宅文宣寫到「越高越貴」就有點奇怪，雖然說登高望遠的道理還在，但是樓層低一點才親水，坐在客廳就可以看到水景啊！如此一來，這樣的建案應該不同於一般選擇方式，同理可知，公園宅也是如此，只有稍低的樓層，才容易看到公園。

另外，越高越安靜的道理，也就不一定了，如果馬路兩邊都是差不多一樣高的大樓社區，聲音會往上傳，有時變成住在十樓也聽得到樓下的喧嘩。

也有人不愛頂樓，怕會漏水或是太熱，但是現在建築技術已經好很多，不需要太過擔心。倒是有些社區會把頂樓作成特殊樓層，例如合併為樓中樓或變成一戶，想買還要額外的預算。

在上海，公寓房子（小高層）有「金三銀四」的說法，就是三樓最好，其次是中位偏上的四樓。其實，哪個樓層比較好，就風水和氣勢上，觀點可能大致相近，意思就是十二層樓的建築物，大概就是六到十樓；二十樓的，就是十到十五樓之類。換言之，不是只看某一樓層是不是最好的選擇，而要看整棟樓高來評估。

關於樓層還有很多故事，例如不要四樓、不要二樓，或是不要中繼水箱的十三樓、不要頂樓⋯⋯。

最後，再以一個笑話來結尾，有些人可能因為工作或是家人安排，同時間住在不同的城市，例如臺商、臺幹，大家開玩笑說盡量買一樣的樓層，千萬不要上海住家買十二樓，辦公室買九樓，臺灣住家十四樓，父母在老家買了四樓，然後進電梯就得想一下自己在哪裡！

圖 1-26
到底住幾樓好呢？

1-27

採光不等於日照？ ╳ 後陽台往內縮，終年曬不到太陽

雙面採光，浴室開窗

記得房地產廣告上說的——「雙面採光，浴室開窗」之類的文案嗎？其實，開窗不等於通風，採光不等於日照喔！咦，真的嗎？這裡說一個故事。

之前去看一個青埔的建案，算是大坪數的案件，各方條件都好。但是我跟銷售人員說：「很可惜三面採光的房子，後陽台卻沒有日照。」他說：「哪有啊！你看，很亮啊！有陽光，現在沒有，下午就有吧！」我說：「不是，這個陽台開這邊，一年四季終年曬不到太陽。」他立刻搖頭說：「不可能啦！」（以下省略）答案當然是我對了。

後陽台曬衣服能不能直接被太陽照到？照道理說，青埔很空曠，不是舊市區，除了一些造成一線天的房子外，應該都可以吧？答案卻並非如此。

現在的房子設計，常常是一層四戶，後陽台往往縮在裡面，兩兩背對。舉例來說，大概都是「工」字的建築結構，所以後陽台是往內縮，加上可能有一些阻隔，衣服當然就曬不到太陽。

朝北小房，太陽阻絕戶

有沒有太陽曬過的衣服，家庭主婦最知道，由於現在都是小家庭居多，有時也會用烘衣機取代，倒也不是非要不可的條件。但是買房子終究是大事，有沒有太陽可以曬到後陽台，不要等到搬進去才發現，也是一項重要的考量。

太陽日照的方向，冬天、夏天可能相差四十五度，所以當然是冬天可以曬到，夏天不能曬太陽，較沒關係，比起兩者相反過來還要好。

不說後陽台了，先問一下自己，要不要住在終年曬不到太陽的地方？現在青埔有很多小坪數建案，一層可能都十戶，排來排去，很多小戶型，只有單面採光。如果挑到了一個朝北的小戶，別說後陽台了，整間房子根本都曬不到太陽。

或許有人說，難道朝北房子就不可以住？不是的，儘管以前的房子不太可能只有朝北一面，就算朝北沒有陽光，其他地方還有啊！但是小戶型，就有可能碰到完全沒有日照的房子，看出去亮晃晃，但是，房子裡面是照不進陽光，沒有日照的。因此，在看房子時還是需要特別注意一下。

先問一下自己，要不要住在終年曬不到太陽的地方？如果挑到了一個朝北的小戶，別說後陽台了，整間房子根本都曬不到太陽……。

1-28

五十二坪的兩房 ╳ 坪數大小才是重點！

減房概念，大坪少戶

之前看了一個預售案，應該算是比較有質感的建商和設計。我不是要介紹個案，這篇來談一下幾房的迷思。

聽到坪數大小，可能會有人驚訝不已，因為兩房應該是二十來坪，那種後來客變，或是交屋後重新裝潢的不算，在預售階段，真的很少建商把這樣大的坪數只隔成兩房。

整個案子在建商的文宣當中，提到了「減房」概念，因為現在家庭人口其實是越來越少，所以就算是坪數大，也不一定需要這麼多房間。所以這個預售案，七十二坪和七十七坪，都只規劃了三房而已。

姑且就把這五十二坪稱為放大版的兩房，其中格局配置也沒有多麼特別，可能就是空間相對放大一些，而且有完整的餐廳空間。對於一些人口簡單又有經濟條件的消費者來說，這種規劃相當稀有且頗具價值。

衡量坪數，避免陷入房間數迷思

正因為很多購屋者有房間數的迷思，所以連購屋網站都把幾房列為重要的條件選項，不管幾坪，只要選了三房，就會出現不管大小的所有三房，或是我們到預售屋的銷售中心，也一定被問：「你要看幾房的？」

有次跟著一名房仲去看房，對方一開口就問：「請問你要找幾房的物件？」我回答：「一到四房都可以。」（當然有點故意）對方立刻愣住，不知道要怎樣接話。

其實說故意，倒也不是。那時剛從中國大陸搬回臺灣，想先找一房、兩房的住宅，熟悉一下環境，再慢慢挑選真正喜歡的格局。若是直接看到好的物件，買三到四房也可以。

所以對於購屋者來說，幾房並不應該是衡量一個物件的首要或唯一項目，否則建商不會推出很多很小的三房產品，或是硬要隔出多的房間。

對於買房的消費者，真的不要只聽到幾房，就認定是自己的「菜」，還是把坪數大小一起衡量，才是聰明的做法。否則一聽到一千萬買三房，就覺得自己一千萬買兩房是買貴了，那可是蘋果比橘子了喔！

「請問你要找幾房的物件？」我回答：「一到四房都可以。」（當然有點故意）對方立刻愣住，不知道要怎樣接話。

1-29

停車場和停車位 ╳ 光線、規劃和分流

地下停車場，也有大學問

重劃區的新大樓社區多，所以地下室停車場的規劃，可以看到很多不同模式，若是和舊市區、舊大樓的地下停車場相比，舊大樓在年代久遠之後，不是陰暗潮濕，就是車位超小，或是行車動線變差。

那麼新大樓的停車場都很棒啊，還有什麼差別嗎？當然有的。

這裡特別點出幾個可以思考的地方：

第一、有一種停車場是可以一直迴旋下降，所以幾乎都沒有需要倒車的車位，就是一路繞繞繞，直達地下三樓。這樣看起來也很好，每次進出就會經過所有車位。另外一種是一個車道直接轉到地下三樓，不用經過B1、B2所有車子。

這兩種各有利弊。通常後者比較有種開到底，就一定要倒車進出的車位，而且還要彎去B1垃圾間時，就覺得要另外繞路。

第二、機車、汽車進出如何管理，仍然有所差別。因為只有少數的大樓有機車、汽車分道，比較好的方式是不要讓機車滿場

跑，集中停在B1，也減少機車騎士從車道一路下坡衝撞的危險。

第三、機車位和汽車位的規劃，這點和第二點的意思不太一樣，是指機車位和汽車位有沒有分開？還是參雜一起？最好是分開單獨安排，以免機車進出影響到旁邊汽車，或是汽車行進或退後，不小心撞到機車。

第四、汽機車是否可以共用停車位？有的社區允許汽機車共用一個車位，然而，這樣感覺比較凌亂，而且隔壁機車進出很容易擦撞到其他車輛。

第五、停車場的照明和通風是基本配備，絕對不要省小錢。很多更高檔的社區，或把停車場做成另外一個門廳，不僅漂亮，甚至還有保安人員引導協助。

第六、電動汽車和機車是下階段的發展重點，所以電動車如何充電，也是在觀察社區停車場時可以瞭解的項目。

停車場的照明和通風是基本配備，絕對不要省小錢。很多更高檔的社區，或把停車場做成另外一個門廳，不僅漂亮，甚至還有保安協助。

1-30

地主戶建案，弊多於利？╳坪數差異影響居住品質

建案廣告，看懂門道

售屋人員Ａ：「我們這個案子沒有地主戶，建商已經買清，所以比較單純。」

售屋人員Ｂ：「社區很多棟，地主戶都集中在Ｘ棟，所以沒有關係！」

類似的話術，應該都不陌生吧？所以跟地主住在一起不好？地主戶不是原本在地？那樣不是賣點？而是缺點？從這樣的說明看起來，似乎好像有地主戶是不好的？可是地主不想賣，就是要住在這邊，不就表示看好這裡的發展嗎？

這篇不談地主怎樣跟建商談判，那些是合建分屋之類，而想和大家分享最近看到兩個正在銷售中的案子，其中的地主戶規劃方式很特別。

第一個案子，坦白說覺得有點「被騙」的感覺，因為明明寫「純四十八坪」，結果發現只有對外銷售的那棟如此，跟地主保留整整一棟的坪數完全不同，因此以後進入社區後，向左走和向右走（如果大門在中間）是不一樣的去處。

另一個案子，就位在ＩＫＥＡ旁邊，主打離高鐵最近的社區。先前因為ＩＫＥＡ開幕，建商還把外牆帆布故意換成類似色系，同樣也是地主戶是另外一棟，和預計銷售的坪數規劃完全不同。

隱藏坪數差異，恐成隱憂？

進一步瞭解，這兩個社區的地主戶，又跟其他社區的地主戶不同，他們各別是一整個家族入住。以往地主戶，就是看幾個地主，按持分選擇等等。

但是這兩個案子是各別兩個家族，整棟都是他們的家人入住，有趣的是，頂樓或特別樓層都是超級大坪數，算是長輩都還在的家族。

然後每一個樓層的坪數還不同，例如，高樓層是一戶，或兩戶，下面是一層四戶，其中兩個樓層是六戶。總之，就是一個量身訂做的概念，可是，隔壁建案對外銷售的可是一層八戶。

這樣一來就有趣了，請問住戶管理委員會，要成立一個還是兩個？如果是一個，這個家族豈不是永遠都是管委會的重要成員？

其次，我們已經說過，坪數大小相差太多的社區，可能生活作息或是居住品質多少都會受到影響。這兩個案子，對外銷售是一種坪數，

跟地主住在一起不好？地主戶不是原本在地？那樣不是賣點？而是缺點？從這樣的說明看起來，似乎好像有地主戶是不好的？

實際卻是參雜很多坪數？

所以跟地主住好不好？我的看法是應該要全揭露，只有全揭露以後，由消費者自己選擇。可能各自有優缺點，但是廣告和實際狀況有落差，就要提醒購屋者可以多想一下了。

圖 1-30
地主戶在哪兒？買的時候有全揭露嗎？

1-31

什麼是嫌惡設施？

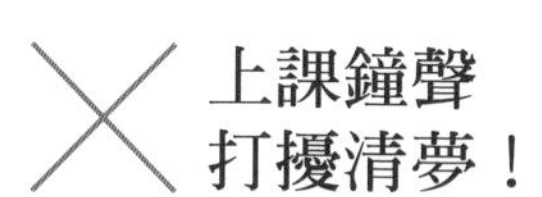

學校、超商，竟成噪音干擾？

對於自住買房來說，市場越熱，心態就要越冷，所以這裡來談嫌惡設施。買賣房屋之前，都可以查一下哪些是嫌惡設施。

以前網路有一篇文章被一直轉發，標題就是「青埔的嫌惡設施」，從加油站、變電所，講到以前哪裡是公墓，哪裡是墳地？我也覺得這些對於新開發區來說，也不是重點。

那麼重點是什麼呢？就是你沒想到，或是你在意，但是別人沒想到的地方。例如重晨睡的人，千萬別住在小學校園的圍牆外，否則光是晨間上課鐘聲，或是做操的音響，就讓人非得要早起了。

淺眠的人可能也要避開便利超商，不然頻繁開關門伴隨的「叮咚」，和門口進出買消夜零食的人群，都會讓人難以入睡。

很多社區的公設，不管是游泳戲水池或是中庭，一到假日，就充滿孩子的喧鬧，不要說睡午覺了，連在客廳看個影片，都會受到干擾。

這些噪音干擾，還可以包括住在籃球場邊，一直聽到籃球拍地的聲音，有時真是魔音穿腦。

實地考察，確認日常小事

關於比較大的嫌惡設施，目前青埔比起舊市區的居住環境，可說好多了，至少社區內沒有神壇、宮廟，或是瓦斯行和機車行之類，就算是餐飲，大多要符合各種法規，不至於搞到全棟住戶要來跟業者對簿公堂。

針對想在某地自住的買方，建議先定義哪些是自己認為的嫌惡設施，不要只是詢問房地產業者，甚至可以在周邊多看幾次——白天上班時間來到此處，實際測量從社區地下室開車到交流道，究竟要花多久時間？搭乘上下班尖峰時間的高鐵、留意假日清晨的社區及四周，都是安靜的嗎？深夜呢？清晨呢？

如果花了大錢買來的房子，住進來才發現每天有一段時間垃圾車會停在那裡，同時聚集人群準備倒垃圾，不僅發出聲音，夏天味道也不好聞？或是因為隔壁有一個宗教聚會所，假日兩側都會停滿車，導致出入不便？這些小事一定會影響心情，不如在事前多看幾次。

誤觸地雷區，開店也要當心！

接著來談一下開店選擇時的嫌惡設施，相信內容一定顛覆大家的

> 淺眠的人可能也要避開超商，不然頻繁開關門伴隨的「叮咚」，和門口進出買消夜零食的人群，都可能會讓人難以入睡。

認知。

我在零售業服務多年，經手、管理或是輔導過的店面，緣深緣淺都算的話，應該至少超過兩百家，若把購物中心及大賣場的經驗算進來，包括兩岸的話，少說就有上千家，所以對於選擇店面的經驗，可以有一些心得分享。

在臉書的社團裡面，經常看到大家在討論：「如果要在青埔開店，哪裡比較適合？」看到網友的回答，換我驚訝地合不攏嘴，因為大家竟然都建議開在「嫌惡設施」的旁邊？

總結網友的建議，可以開在青埔國小、青埔國中和大園高中旁邊，不然就是水利會辦公大樓，或是大園農會、金融機構旁邊，哪裡有嫌惡設施啊？

關於選擇開店地點時，其實可以說有三種嫌惡設施：學校、公家機關、金融機構，卻正好都是目前青埔這個重劃區現階段開店的最愛。

大家應該很好奇，這三個地方為何是連鎖零售業不愛開店的地點？

首先學校有寒暑假，以及下課後的晚上、週末放假。整年下來，沒有學生的時間段非常多，沒有學生時，學校是冷清的沒以燈光的。而且，有沒有學生的生意落差就很大，生意落差大的地方就不好管理，不管是人力配置或是餐飲備料。

銀行多，店租反而低？

公家單位和金融機構也是如此，下班和晚上，或是一到假日就沒人，連個加班人影都沒有。

因此，這幾個地方，只要沒人上門光顧，商家就只好跟著提前關門熄燈，變成昏暗的一條街，人氣自然受影響。

具體舉例，臺北市南京東路某路段的店租，比起街道對面不知差了多少？忠孝東路某路段也是銀行多的那邊店租就低，就是所謂的陰面、陽面。

有時提到這樣的看法，就會有人跳出來說：「不會啊！」學生或上班族的中午生意很好做，我當然也不反對。難道要開去連這些「嫌惡設施」都沒有的地方，豈不是更沒有人？

我只是提出觀察，像青埔這樣的重劃區，所謂的商圈跟其他成熟市區仍有些不同。現階段大家還是只能找看似有人經過的地方，或是集中在活動機關、學校旁邊，但是真的就商圈形成的條件來說，這幾個青埔學校周邊條件也不夠，適合開店的店面不夠多，又很分散，租金卻來得貴。

因為原本沒有規劃的商業區就在附近，包括住宅區裡面附帶的店面，所以這才是青埔人氣越來越高，但是店面生意依然辛苦的原因之一。

1-32

當層排氣 ╳ 癮君子的喘息之道？

當層排氣，氣味各層互不影響

若是想買新房子，有許多設施或是規劃，是和屋齡較高的中古屋不一樣。例如，樓梯（逃生梯）和電梯規劃，或是騎樓的設置，因為後來的法規改變，所以一看這兩個地方，就知道年代是否久遠。

另外，還有一個最近的銷售人員，都會琅琅上口的就是當層排氣，或稱為單層排氣。現在新建案幾乎都可以做到這點，好處是不會全棟樓共用一個排氣管，當有人在廁所抽菸就不會影響其他樓層，或是沼氣就不會累積在低樓層等等，等於是自己家裡的味道就自己接受吧！

然而，青埔竟然還有一個社區，擺明著不歡迎抽菸的人前來入住，真的要給他拍拍手，好希望有機會問一下怎樣可以堅持做到這點？我覺得大樓社區管理，不管是執行怎樣的規範，有時就是要有所堅持才能勝出。

公共區域禁菸，癮君子無處去？

當然還是有無法單層排氣的社區，因此樓電梯間就會看到這類公告文字——「希望大樓住戶要自愛，不要在廁所抽菸。」那我不在廁所抽菸，要去哪裡呢？陽台嗎？如今的住戶意識紛紛抬頭，陽台抽菸也曾經有案例判決，說會影響樓上住戶，而樓上住戶還勝訴呢！

此外，公共區域不能抽菸，或是在社區中庭花園不能抽菸的公告，應該很多社區也會張貼出來。因為現在不要說重劃區了，幾乎所有的公園都是無菸公園，大樓社區自然比照規範。

就算回到自己家裡，也不能任意吞雲吐霧，可能也會大大影響抽菸人口在購屋時候的決策。雖然單層排氣的原意，不只是為了抽菸人口，但是看起來若是無法戒掉菸癮，單層排氣社區仍是必要選項。

補充一下，青埔有些社區只有邊間單層排氣，而不是整個範圍，所以提醒購屋者先詢問清楚，方便做出選擇。

竟然有個社區，擺明著不歡迎抽菸的人前來入住，我覺得大樓社區管理，不管是執行怎樣的規範，有時就是要有所堅持才能勝出。

1-33

平價不是廉價，基本也是血本 ╳ 品質乃長久經營之道

買房，花費最高的人生大事

買個房子自住，絕大多數的人，都是要下重本的。房子應該是這輩子花費最多錢的一項物件，而且平均起來每人只有不到三次經驗，所以真的是一件大事。

我會用這樣的標題，是發現不少人在網路上請大家推薦房子的時候，都會加上一句：「不要○○系列的房子」。這家建商是目前全臺最大的營建集團，旗下相關建設公司超過二十家，也是推案量最大的建設公司。關於網路上的評價可以自行搜尋，我自己沒有要替任何業者說話的意思，只是想討論一下，標題那句話「平價不是廉價，基本也是血本」，它們專門蓋平價的房子，連大坪數也可以蓋成很平價，但是平價並不是廉價啊！

走訪它們在青埔的三個社區，我覺得平價的意思是「基本款」，就是這家建商所提供的東西都很基本，包括衛浴設備、廚房配備、樓電梯間的建材、大廳的裝置和中庭花園，該有的一定有，但是就是基本而已。這裡不用強調進口、沒有名家設計，建材普通到好像也說不出個什麼名堂。然而，好像也真的沒有不好，入住率也都很高。

價格平易近人，格局實用不浮誇？

它們的價格也很平易近人，格局規劃甚至比某些打著大品牌的建商還要好，就是實用而不浮誇。

當然，再怎麼基本款，對於購屋者也是一場血本，錢沒有好賺的，更沒有天上掉下來的事。所以很多購屋者，看到網路上的評價，就覺得它們蓋的房子很容易漏水或是蓋得不好，我倒覺得純屬個案，並非它們就專門蓋不好的房子。

如果要買這家建商的物件，建議可以認真驗一下屋，若有相關問題可以及早發現。如果已經是中古屋，眼睛都看得到，可能就要多花心思觀察清楚，先不要一味排斥。更何況有時候大品牌建商的某些個案，也會有施工不良的問題，消費者購屋若有疑慮，記得多請專業評估。

話說回來，既然提到了這家建商，當然希望它們在蓋好的房子上繼續維持品質，有問題就及早維修，對於可能還有的新案子，更要用心規劃及建造，應該努力在品牌塑造下一番功夫，別再讓「不要ＸＸ」這種議題繼續發酵。像青埔這樣的重劃區，是一個很好的機會，展現營建品質的優良新市區，期待所有建商，都能夠抱持「參加建設青埔，輸人不輸陣」的態度，把房子越蓋越好。

我覺得平價的意思是「基本款」，就是這家建商所提供的東西都很基本，該有的一定有，但是就是基本而已。

1-34

LDK的美麗與哀愁 × 生活模式和文化差異

客廳、餐廳、廚房，串連三大空間

ＬＤＫ是目前日本最時尚、最流行，或最常見的居家空間配置方法，Ｌ是「Living」（客廳），Ｄ是「Dining」（餐廳）、Ｋ是「Kitchen」（廚房）的意思，把這三個空能結合起來，放在同一個空間裡面。

我喜歡看日劇或日本空間改造節目，例如《全能住宅改造王》，大概最常看到老舊房子搖身一變為明亮的ＬＤＫ格局，通常最後可以看到一家大小相當歡樂地在這個空間，一起準備食物和用餐等等。

這種看起來好像很美好的生活模式，使人忍不住也想要一個可以延長的餐桌，或是可以面對著家人，進行食物準備工作的廚房。

對於臺灣人的居家習慣來說，這三種空間似乎很難理所當然地想成一塊，甚至廚房因為油煙關係，還是有很多購屋者堅持要封閉式廚房呢！

首先，當然是烹飪方式的落差，日式食物的油煙比較少，所以可以跟客餐廳放在一起，加上日本也是地狹人稠，空間利用上需要多用途考量。

最後，這樣的ＬＤＫ空間通常是自己家人使用為主，幾乎不太招待客人，除非是很熟識的好朋友。而且日本人吃飯習慣使用很多碗碟，不像我們常常一個碗就拿到電視機前面，所以他們更有可能把這三種空間融合一起。

考量實際面，才能落實規劃

假使想要原封不動，直接將這套規劃搬到臺灣，真正使用起來，我們會碰到的問題，當然就是生活模式及文化的差異。所以，過去並沒有常聽到大家討論ＬＤＫ的作法。

然而，現今房價有越來越高的趨勢，所以小宅當道，很多首購族來到青埔，將會發現青埔竟有不少這樣的住宅，特別是把廚房一字型，然後旁邊用來做餐廳，規劃放在僅有的採光那面，若認真說起來，又會變成客廳無法直接採光。

因此，若是想運用這樣的格局，一定要把日式生活和空間設計好好地研究一番，取其適合我們日常使用的實際做法，才能夠將空間落實規劃。

LDK是目前日本最時尚、最流行，或最常見的居家空間配置方法。

1-35

開窗不等於通風？ ╳ 窗型實用性擺第一！

偶爾開窗，讓心情吹點自然風

我在前面寫過「採光不等於日照」的文章，這兩篇主題都是大家經常忽略的細節，以為只要有採光就好，結果因為方位加上隔壁擋光問題，那扇窗戶竟終年照不進陽光。

這裡講開窗，就要看開的是什麼窗，現代人喜歡開空調，夏天更不用說，一定是冷氣，冬天則開暖氣，春秋開全熱交換機，可能有人好久都沒再開過窗戶了呢！或是外面就是大馬路，或是居於鬧市，真的十分吵雜，因此也不想開窗。

然而，住在一個可以開窗、有自然風，還能呼吸到清新空氣的地方，還是很幸福的一件事。不想開窗通風，通常都是不得已的選擇吧？

如果已經住在像青埔這樣的重劃區了，那麼還是大膽爭取一下，允許自己開窗，吹點自然風的機會吧！

大扇窗戶，通風只有一小塊？

我們可以仔細觀察一下建築物所開的窗戶，就算是最普通的窗戶，打開窗面積的一半就可以通風，因為左右開窗，通風面積正好是二分之一。

現在不流行傳統開窗法，所以一個大扇窗戶，結果可以通風的只有小小一塊，算一下只有四分之一。甚至有的落地大窗，看起來好像都已經開窗，結果下半截不能開，上半截也不能開，想要通風時，還真是揪心啊！

一個不能通風的大窗，看起來雖然有採光，但是夏天炎熱，玻璃又不像實牆可以隔熱，冬天寒冷，玻璃卻不保暖。因為太冷或太熱，又用窗簾擋起來，連採光的功能也跟著失去。那麼這樣的窗戶還真是不實用，還不如以前左右開的窗戶，需要的時候，至少有一半可以通風。

可惜大家嫌棄這樣的窗戶太老舊、不夠時尚，大多建商為了美觀，就愛做一些往外推的窗戶，強調歐美式美窗，殊不知，就在推窗的同時，蚊子常常跟著跑進來，因為要先推窗，再拉隱形紗窗，然後隱形紗窗又容易壞，可說非常不實用。

所以，購買房子之前，先把各種窗型看清楚，有個符合自己習慣的通風需求，也是相當重要的一環喔！

一個不能通風的大窗，夏天炎熱，玻璃不像實牆可以隔熱，冬天寒冷，玻璃卻不保暖。因為太冷或太熱，又用窗簾擋起來，連採光功能也跟著失去。

1-36

如何評估別墅優缺點？ ╳ 先認識二個字

台式別墅，改良版的透天厝？

我在臉書社群開始撰寫「羅姐談好房」專欄以後，經常收到網友的私訊，問我有關他們想在青埔買房的問題。其中不只一位提到別墅社區，羅姐怎麼看？

雖然有朋友及老師住在青埔的別墅，也曾陪一位朋友找過出租的別墅，但要回答問題，總是要做功課，這篇總算可以來談一下心得。

所謂的台式別墅，恕我直言，就是改良版的透天厝。也就是說，把樓上樓下可能會吵鬧的鄰居，變成左邊右邊，真正被透天鄰居影響過的朋友，一定理解我的意思。

青埔地區的透天厝，當然也不例外，只是門口多了一些草綠色造景，更容易看到藍天，然後四周安靜一些。喜歡透天的人，在青埔可以找到不少質感不錯的別墅社區。但是當然，釋出的機會不多，且在短期內都還沒有看到，或聽說有再推新案的可能性。

外觀及庭院，價格的關鍵

目前青埔的別墅社區，每坪單價並不比大樓昂貴，不過因為坪數較大，所以總價自然也就拉高了。

在高總價的別墅部分，電梯及美麗耐看的外觀，成為支撐價格的關鍵，倒不是說一定要多麼華麗或是金碧輝煌，而是別墅通常不會是首購族的選擇，而是換屋族，且多為自住、自用，自然形成住戶有些物以類聚的狀況。

目前青埔很多的別墅社區都是人車分道，規劃地下室停車場。當然也有車輛直接停在前院的規劃，如果家中有老人和小孩，應該就會比較避免這種車子會在住宅前面進出的物件。選擇別墅社區，雖然好像說有天又有地，其實視野和採光反而比不上大樓。這是一定要有的事前認知，除非更稀有的可以直面水岸及公園。

內部規劃，先認識日和田

開始談別墅內部的規劃，得先認識二個字，日和田。

這二個字指的是別墅案件每層樓的空間，如果是「日」，大致可以說是一樓前面客餐廳，後面廚房，二樓就是前後各一個房間，當中夾一個浴室，依此類推。每一個樓層平面，有前後兩種不同的空間，說實話也變不出什麼花樣。

台式別墅就是改良版的透天厝，也就是說，把樓上樓下可能會吵鬧的鄰居，變成左邊右邊。

目前所謂的連排別墅，絕大多數都是這樣的形式，一方面是因為控制總價，另一方面是為了容納更多戶數，或是原來老式的透天厝也是如此，我們就覺得理所當然，接受了這種房型。

這樣的日字型，還真的不是一個好用的格局規劃，不僅單層面積小，加上狹長，明明有天有地的透天，卻特別容易出現不開窗的浴室和暗房。

空間分層打散，還能減少共居衝突

如果有機會找到「田」字型的格局，那麼就太好了。

首先肯定要面寬呀！所以可以把每一個單獨平面做出更多的規劃，例如一樓有機會是孝親房，餐廳可獨立設計，一樣有採光等等。目前青埔似乎還找不到這樣的物件，只能勉強找到胖一點的日，可以稱作「曰」？

總之，所謂的別墅，只是把空間分層打散，全家人要一起在同一空間，有時還得用 LINE，或是長大一點的孩子回家，也不容易看到，除非一直待在一樓。但是個人隱私仍然比較容易守住，反而減少共居家人的衝突。

這樣的別墅，頂樓通常是四或五樓。有個笑話這麼說，以前神明廳通常設置在高樓，現在的媳婦不想從一樓廚房把拜拜的三牲五果拿上去，就直接放一樓，然後說，祖先應該會自己下來吃！

因此，若想要買別墅，考慮因素反而比較多，沒有電梯的透天，還得把家事動線也考慮進去，以免家人都在三四樓更衣，結果洗衣房放在地下車庫後面的採光罩下，那麼做家事的人可就辛苦啦！

1-37

均一坪和均一房 ╳ 單純或彈性，任君挑選

不同坪數，都能成三房？

最近有一個建商，同時在青埔推出五個案場，頗有當年新潤建設的企圖心，一口氣推出好多建案的氣勢，忍不住想去探探虛實，結果在接待中心找不出位子可以談話，因為人潮接連不斷，這樣應該很明顯是房地產升溫的跡象吧？

這裡要談的是，所謂整齊的坪數配置是什麼意思？另一家建商的一個案子，有從一房到四房的任君選擇配置法。與之相較之下，這五個案場居然能夠一律是三房，看起來主打標準自住房型了，可是它們怎麼可以都一樣三房呢？

結果樓層圖攤開來一看，發現從二十八坪到四十二坪的都有，卻都是三房，原來看似相同其實不同。

大三房小三房，內行看門道

首先，最小坪數的三房，立刻被我打槍：「喂，這應該是二加一吧？因為有一房沒有窗戶。」對方說：「羅姐，現在好用就好啦！客廳沒採光的也有啊！何況房間……。」唉，是不是該把「客廳怎麼可以不採光」這件事再拿出來唸一下？

言歸正傳，其實能夠都是三房，而且依照坪數大小變成多種選擇，也算是厲害，這在一般建案裡面算是比較少見，所以預算多的人，可以買大一點的三房，預算少的，也可以買小一點的三房。

而真正的大三房，實用性也會高一些。如果受限於坪數，又被建商硬規劃為三房，有時就會發現真正交屋時，房間小到只能放單人床跟書桌，或是到最後只好淪為儲藏室，倒不如捨棄一房，好好把空間重新規劃一下。這些社區全部都是三房，於是變成了「均一房」。只不過仔細評估一下，最小的三房，除了有一間是暗房外，其他都是單一面採光，也就意味是單一面通風。這樣的規劃配置，購屋時還是要仔細考量，把平面圖看清楚。

相對於在另外一條路，有一個建案，規劃為全部都五十九坪的四房案子，只能分成朝東或是朝西，邊間或是當中。每一戶坪數跟格局都一樣。這樣的規劃，真的只有一種坪數選擇，固然住戶特性好像比較一致。在銷售上卻還是容易遇到瓶頸。

這種所謂連銷大案場的五個案子，兩個是成屋，另外兩三個還在結構體階段，基本上是走平價路線，難怪吸引不少扶老攜幼的「家庭看屋組」，看起來主打三房的策略，果然仍具有相當的吸引力。

這個案子從二十八坪到四十二坪的都有，卻都是三房耶！也真是太神奇了呀！到底是怎樣做到的呢？

1-38

鄰居住對面、住隔壁，差很大？

其實是觀感問題

鄰居大門不相對，風水問題？

有位網友詢問想買青埔房屋的期望，要我替他看房，因為他挑來挑去，看了好幾個案子，又回頭看這個案子。之前，只有依照圖面和路過的印象給出一些建議，最後，還是覺得自己跑一趟比較實際。

這裡想要延伸探討的是：「你喜歡同一樓層的鄰居大門在你對面？還是在隔壁？」

當然這是指一層兩戶或是四戶的建案，那種什麼一層樓五戶、七戶，甚至小套房型的最高記錄應該是十七戶吧？就先不在討論範圍內了。

這個建案的配置方式是我喜歡的「在隔壁」，而且是有點距離的隔壁，而不是規劃成兩個大門一定要面對面的鄰居。

啊！是因為風水嗎？很多風水師都會說不要對門？可是兩梯四戶的，大部分又有對面，也有隔壁耶！其實並非風水問題，而是觀感及隱私問題。

良好樓電梯規劃，空間大加分

如果門對門且兩戶很近，一方面當你開門時，正好鄰居也開門，若是屋內的家人穿睡衣也被一覽無遺了？或是你去完大賣場，又是大包小包，又是推娃娃車，把兩個門之間佔了超過一半時，此時鄰居突然開門，他應該會嚇一跳怎麼東西堆到他家門口了！

反過來說，如果另外一戶的大門在隔壁，當然就會好多了，除非刻意將眼光往隔壁飄移，否則每一家開門都只看到樓電梯間，隱私問題大大有保障，如果又規劃得相當寬敞，那麼就算購物回來，也可以慢慢收娃娃車和放東西，一點都不擔心了。

樓電梯間是屬於過渡空間，不是給人常待的地方，雖然在總體購屋的考量點上，也許佔的比重很小，但是以像青埔這樣重劃區，有很多的建案競爭，我認為一個好的梯間規劃，肯定還是可以大大加分。

很多風水師都會說不要對門？可是兩梯四戶的，大部分又有對面，也有隔壁耶！其實並非風水問題，而是觀感及隱私問題。

1-39

社區頂樓，可以做什麼？ ╳ 只有想不到，沒有做不到！

貼心採光罩，頂樓曬被不怕雨

你有多久沒上社區頂樓看看了？是雜草叢生，還是生意盎然呢？自家社區頂樓又是什麼樣的規劃？（圖 1-39-1）

最近有網友私訊問我，有關要不要買頂樓問題，我用青埔頂樓搜尋一下資料，看到某個社區頂樓有漏水問題，讓我頗為驚訝。因為之前看過這家建案的頂樓，當時覺得規劃得很棒，因為還有一個曬被空間。

這個曬被空間有擋風的採光罩、吹不跑的固定欄杆，方便大家晾曬被子，而且採光罩還有一個貼心用意，萬一下雨了，沒辦法及時把棉被收進屋內，不會瞬間變成一條吸飽雨水的大抹布，看起來簡單的規劃，卻證明建商的用心。

我們先放掉頂樓漏水問題，畢竟青埔的新大樓很多，年久失修的狀況畢竟少一些。

最近青埔還有一個銷售狀況超好的成屋案子，它的頂樓設計真的可以用嘆為觀止來形容，從電影院、KTV、棋牌室、圖書館、健身房、泡茶室等等，把公設絕大部分都做在頂樓，只有你想不到，沒有它做不到，甚至在接近三十樓高的地方，還有戶外野餐休憩區。

在青埔想要做這樣的休閒活動，還是得挑一下風小一點的時候，而且這三棟還用空中走廊連接一起。

賞心樂事，頂樓好風景

另外，曾看到一個雙子雙塔的社區，頂樓也有公設規劃，但是兩棟之間沒有連結，所以你在 A 棟看完電影，想要去一下 B 棟健身房，就要坐電梯下來一樓，改換另一棟的電梯再上去。據說頂樓戶是建商老闆自己保留了，只是我有一點懷疑，頂樓的健身房跑步機正對著下一層頂樓戶的露臺，如果有人在露臺上活動，豈不是正好變成社區公設使用者的風景？這樣雙方的隱私都好像沒有顧慮周全。

還有另一個靠溪邊的社區，因為戶數少，沒有什麼公設規劃，就把一個小小閱覽室和健身房放進了樓頂屋突的裡面，不知道有沒有違法使用？但是狹小了一點倒是真的。

總之，頂樓的運用，各種規劃方式都有，曾經聽過有建商非正式表達，因為頂樓擔心漏水和太熱，乾脆來做公設。往正面觀點來想，是讓住戶都有機會欣賞到好風景。（圖 1-39-2）

有個頂樓設計可用嘆為觀止來形容，從電影院、KTV、棋牌室、圖書館、健身房、泡茶室等等都有，只有你想不到，沒有它做不到。

不管如何，頂樓的管理也是非常重要，在購屋時別忘了頂樓也要上去看看，特別是拿來做屋頂花園，管理和維護更要花費心思，才不會最後變成一片荒涼，還因為承重和防水處裡的特殊要求，更有漏水的疑慮。

圖 1-39-1
這樣多的建物頂樓，都是怎麼使用的呢？

圖 1-39-2
屋頂設置花園，令空間大大加分。

PART 2

價量實戰

下好離手，一生中最大花費的豪賭？

多數人一輩子最大金額的支出，就是房地產！糊里糊塗進場猶如豪賭，好壞全憑運氣。根據資料統計，平均每個人一生面臨不到三次購屋的決定，因此，買房就有諸多考量，絕對不是只有「多少預算、花多少錢」的簡單選項，問價問量儘管重要，還需要留意實際層面的眉眉角角。一起跟著巷子內的羅姐，看懂房產行內事，成就幸福住好房。

2-1

如何找好房？ 勤做功課，還得行動！

買屋前，想清楚住的需求

先說說自己的經驗，因為我真的曾經在網路購屋！

當年從上海決定要回臺灣時，選擇在桃園市區買房，我花時間把網路上的購屋訊息逐一列出，利用回臺灣的時間，安排一整天在桃園市區看房。除了請我的小姑幫我約好一兩間以外，其他都是自己走進店裡詢問。第一次這樣做，結果失敗而回，有些可能的案件也不會等我，因為下一次回來已經三個月以後。

後來發現這樣不行，每次回臺時間太短，從看屋到成交結案不可能只有不到五天時間。所以我開始在網路上交叉比對，找那種有很多房仲發出的物件，逐一細看照片，有的拍臥室加廚房，有的是浴室加上陽台，並從窗外景色來判斷大概是哪一個位置。

總之，就是挑了一個案件後，先彙總各家房仲的照片，然後請小姑幫忙約好房仲，先去看那些沒有拍到的角落，然後加上「Google」街景的幫忙，從路面往上拉，看外觀和樓上樓下鄰居的窗簾等等，甚至已經出了價，才飛回臺灣，終於搞定簽約。

為什麼從我說起，那是因為開始寫專欄後，經常蒙受大家厚愛，私訊問題。但是，有些還真的無從回答起，例如：「請羅姐推薦哪裡有好房？」、「請問羅姐ＸＸＸ這個案子如何？」、「〇〇〇這個案子，多少錢可以入手？」

這些問題問得容易，卻不免太過簡單，沒有說明個人需求、關心的重點，或是想要進一步求證的關鍵，這樣一句話就丟過來，好像是在網路上留言：「哪裡有好吃的餐廳？」、「這支股票現在可不可以買？」一樣的無厘頭。

另外還有一類是，其實你已經有定見了，卻只是想要找人「背書」，所以問題會是類似這樣起頭：「請問〇〇〇如何？」我花了大概幾十句跟對方討論與分析，覺得他應該可以擴大範圍找中古屋，或是換一個區域，然後就會得到像鬼打牆的回應：「那羅姐是覺得〇〇〇不好嗎？為什麼不好？可是也很多人覺得它好，而且快賣完了。」我只好說：「其實如果你那麼喜歡，那當然可以買啊！」那人再說：「所以羅姐有推薦我買〇〇〇囉？可是真的有點貴。」然後以上對話可以回頭重複一輪。

其實這也倒也沒關係，因為瞭解買房是人生大事，我既然要寫專欄，也願意回答私訊，就不會在意所花的時間。但是，可否讓我覺得真的對各位有所助益？而不是把我當免費又好用的免洗筷？

「請羅姐推薦哪裡有好房？」、「請問羅姐 XXX 這個案子如何？」、「〇〇〇這個案子，多少錢可以入手？」這些問題問得容易，卻不免太過簡單。

只要有心找，沒有得不到的答案

再說兩個例子。其一，當我花了時間和精神，和某位網友對談過不只一次，發現他開始真的做了功課，也依照建議用不同做法看房。

有一天，我突然在其他地產社團，發現他也問了同樣的問題：「請問〇〇〇好不好？請大家給意見。」我不是說只能問我，而是果不其然，不僅回應的人很少，有回應的都是代銷和房仲發文：「我有案子私你。」

我想，不是做房地產買賣，又算是具有實際經驗，也願意花時間回應你的，應該也只有我了吧！而且「我是青埔人」社團本身的基礎也夠大，再去尋找其他答案，還真不如自己花更多精神來找房，而不是只在網路或臉書上尋求解答。

另一個例子，是經歷多次來回討論，他終於下定了，很高興地說：「謝謝羅姐的分析跟鼓勵。」我說：「我沒有看過你說的案子，但是應該是符合你的需求的。不用客氣。」想不到，才過一個禮拜，居然又私訊我：「想不到它們還在賣，跟我說已經要賣完是騙人的……，早知道就不要那麼快買。」聽到這裡，我真不知道該回什麼。

以上結論，只是要分享以下幾個重點：

第一，若是想在網路上提問題，不管是不是在「我是青埔人好房」，問得越具體、越實際，越容易得到你想要的回應。

第二，「Google」是好朋友，搜尋方式有很多，有人說他搜不到這家建設公司資訊，那就用另外的方式搜，可以從五九一到樂居，到PTT到臉書，搜文章、新聞、圖片、討論區，有各種不同、千奇百怪的蒐查法，甚至打去桃園市政府或是營建署。只要你想找，沒有找不到的。

第三，不管是青埔，或是你想買的區域，通常範圍都很大，因此若想在某個地方買房，不要只聽別人說，真的要自己多去幾次。你進過幾家當地房仲店？去過多少社區開的小店？坐下來喝咖啡、吃麵、洗頭，都可以問問老闆和員工對該處的看法，或是附近那間房子怎樣。

以上都是我會做的事情，要找好房，除了看看羅姐寫了什麼（其實這不是重點），還是要勤做功課，然後行動！

2-2

預售屋接待中心也能看門道？ ╳ 冷靜與熱情，過猶不及

養地策略，意象和概念雙行

在一片打房聲中，像青埔這樣的重劃區，預售屋接待中心仍然看起來很熱鬧。

或許是已經搭建，或許是正推案到一半，或許是來客數雖然有減少，實際成交筆數倒是降得不多，畢竟這次所謂打房，是第三戶才有貸款限縮，更何況預售屋到交屋還有個兩三年，誰知道後面怎樣呢？

我不是要說整個預售銷售的流程管控，或是討論現在預售屋值不值得買？而是先來看一下，目前從預售屋接待中心，可以看到什麼？

首先，來看一個建設公司的「養地策略」，最近有一個桃園在地的大建商，首次來青埔推案，還一次推兩個。仔細看一下他的地，當然不止那兩塊，所以它在比較屬於中心點的領航南路，蓋了一個很像藝術館的接待中心，打算一直用這裡當作接待中心，然後所在的地，將會是保留到最後才推的一個案。

這一種做法，其實是「意象」和「概念」為主，畢竟每一個案子到時候的策略和定位都不同，裡面的樣品屋肯定也是隨之調

整，否則說服力就會下降。但是同一套設施，可以賣好幾個案子，一定做得比較精緻！

再看同樣是在地建商，因為一直走高品質路線，所以最近在IKEA後側蓋了一個氣勢十足的接待中心，主推手上的兩個預售案，裡面有三種不同房型，有趣的是，其中一個房型在接待中心剛完成就已經賣完，不知道蓋來是做什麼？哈哈，充分證實前一陣子的買氣真的似乎暴衝太快，難怪政府有需要「打房」來壓制一下過熱的狀況。

接待中心，擺遠放近是學問

接待中心算是購屋者接觸和認識所推建案的第一步，當然整體規劃有各方面的考量，最有趣的是座落位置。

目前青埔的建案，銷售中心幾乎都不在真正的基地位置上，除了某些建商所推薦案是二期，就用一期的店面來當二期的接待中心之外，有時候接待中心的位置讓購屋者充滿期待，結果卻距離遙遠。

前幾年，在青埔「附近」的建案，都曾經在青埔內設過接待中心，然後再用接駁車把購屋者「拉」到現場。

最近有團友問我：「羅姐，怎樣可以從平面圖看出採光和優缺

團友問我：「羅姐，怎樣可以從平面圖看出採光和優缺點？」這真的是大哉問，因為光是從幾張紙的平面圖，有時還真的看不出任何端倪。

點？」這真的是大哉問，不過這也是購屋者前去接待中心的關鍵問題。因為光是從幾張紙的平面圖，有時還真的看不出任何端倪，就算進了樣品屋，也是無法確知窗戶景色和樓電梯間的相對位置，更何況裡面的傢俱、櫥櫃或是裝潢，也都經過部分修飾，掩蓋了缺點。

建議真的想要買預售屋的購屋者，除了建商口碑、接待中心是否確實陳列建材和設備外，千萬不要怕問問題，一定要想辦法把疑問釐清。

除此之外，不要只索取單戶的平面圖，最重要的樓層配置圖一定不能漏掉，才算獲得初步較完整的資訊喔！

圖 2-2
樣品屋和實品屋要分清楚。

2-3

找房找到茫，漲價漲到慌？ ╳ 真心想買就找得到！

求房若渴，「翻牆」也來留言

自從寫了「羅姐談好房」專欄之後，經常碰到很多朋友私訊，問東問西，只要我有空，一定親自回覆。前兩天還碰到有朋友在對岸「翻牆」來留言，我也都努力地知無不言、言無不盡。希望對他即將退休回臺居住的目標有幫助。

之前我也寫過很多去哪裡找房、怎樣找房，或是這個範圍要怎樣找到相近物件等問題，大概都可以提供一點自己的經驗，真心希望對大家有幫助。只要大家不把我當 Google 大神，留言提問卻只給太過簡單的線索：「請羅姐推薦青埔三房兩廳 XXX 萬內的物件。」這會讓我有些無從回答起。

我先說自己的找房經驗。多年前，先生在中國大陸一個四線小城市（X 省 X 市 X 縣底下的 X 市，前後兩種雖然都稱市，但位階卻相差很遠）工作，因此想要在此買房。

當時，看到一個新樓盤（就是我們說的預售屋，但是要大樓封頂才能開賣，不像臺灣一塊空空的地就可以），開價比四周物件幾乎貴上一倍，實在很猶豫。本來想說上千戶可以慢慢挑，結果下次再去，已剩一半。再下次去，只剩很少戶數，而且每去一次就漲價一截。一直到最後兩戶，一戶在一樓，一戶不是南北向，最後還是沒有買，前後大概幾個月，價差大概超過百分之二十。

關於這類的故事，我還可以講上好幾個。因為就是當自住要買房時，考慮因素就變得很多，有時候「時間」彷彿不站在你這邊，眼看著「機會」就是這樣過去了。就像最近社團內跟一位朋友的私訊互動一樣，他看房大半年，青埔大概能看的都看了，從他寫出來看過的物件，我跟他說：「哇！你很努力啊！」

可惜他覺得自己錯過了一些「好時機」，等到回頭再去那些預售屋接待中心，不是沒有得選，就是又漲價了一些，更難下手。所以他問我：「到底青埔為什麼有那麼多人在買房？都是自住的人嗎？」我覺得答案是肯定的。

勇敢追夢，找房自住不求人

當然，青埔還是有很多來投資置產的人，意思是買來放著，並不是除了自住就是投資客，這樣簡單的二分法。

最後我給了這位朋友幾個建議，也在這裡分享給有類似需求，真正想要找房自住的人。

當自住要買房時，考慮因素就變得很多，有時候「時間」彷彿不站在你這邊，眼看著「機會」就是這樣過去了。

第一，如果碰到真的喜歡的新建案，就是要告訴對方，你真的想買，而不是「我只是隨便看看」的態度，生怕代銷人員纏上你，而且中古屋也是一樣。要知道，一旦有好的機會，當有人退訂或是房仲正好要追一個業績門檻，請問他會打給誰？這時不要說，其實我根本沒有留真的電話號碼！

第二，網路上一直有人在教大家，不要給房仲看出來「你很想買」，那樣一定砍不到價錢。甚至當仲介問你：「要不要互加一個賴？」還心不甘情不願，老覺得對方就是要賺你的錢。

我的建議是一定要告訴對方：「我是認真要買青埔。」而且還可以反過來，挑選一兩個喜歡的仲介，固定跟對方聯絡，當他有合適物件，就一定會先告訴你！

第三，繼續努力。請問你有花多少時間在搜尋房子？還是想到才做？一轉眼又過了兩週？很多好房子一出現，真的不太等人。用通俗的話來說，一切只等有緣人。但是就算有緣，也要你肯去找啊！樂透不去買，永遠也不會中獎，不是嗎？

第四，「退而求其次」的意思是什麼？要先想好，真的沒有找到你願意背上二、三十年房貸的物件時，可以跟女朋友說我們再等兩年？還是跟父母說，老家房子可以多貸兩百萬出來當頭款？還是改買市中心外圍的地方？還是把需求從三房改兩房？以上幾個舉例的方向，所產生的結果都不一樣。如果變成都可以，反而會更難以選擇。因為不一定是自己真的能負擔，或是願意接受的答案，只好繼續糾結下去。

最後再說一句老話，我真心希望有越來越多自住客可以找到好房，所以讓我們一起努力！

2-4

餡餅和刀子 ╳ 預售屋轉單接收前，務先停看聽

因應打房，預售屋轉售爆大量？

昨天和朋友討論有關預售屋轉售爆大量的議題，雖然是在臺中，其次是新北，而且重點是因應打房之後，所以買到第三房的人就丟出預售屋物件在市場，造成數量增加。但是，這只是一部分觀點，整體來看，問題不在這裡，或是不完全在這裡。

所謂的預售屋物件，介於建商預售屋跟新成屋之間，又可以細分為換約，還是轉單（紅單）。目前對於轉單，已經有法規界定，這裡就只來談一下換約就好。

有句俗話說：「天上掉餡餅。」意思就是有好康的事情掉到你頭上，快點把握。也有另外的說法，千萬別隨便接手，以免接到刀子。換言之，現在換約的究竟是餡餅還是刀子？這才是想要找自住物件的購屋者要思考的重點。

最近有一位陌生網友，大概找房子已經找到有些灰心了，跟我說其實他願意找換約的物件，雖然知道對方既然「先知先覺」買到好預售開盤，他也願意多支付一點費用，畢竟他半年前曾經猶豫了一下，結果沒有買到。

我鼓勵他：「加個十幾二十萬是非常合理的。」結果他一陣

沉默（我猜心裡在說，羅姐妳不知道行情）後，才回我：「對方要加兩百萬。」然後換我沉默了。

這等於總房價的百分之十五耶！更何況預售屋，買的人只付了百分之十五，也就是說，付了兩百萬，卻想要淨賺兩百萬，幾乎獲利加倍。我最後告訴他：「不要答應。」那個物件恐怕等到交屋，就知道問題其實不小。

預售撿到寶，坐等起價？

話說回來，購買預售屋的人，如果本來就沒有想要自住，口袋又不太深，那麼最急的賣點，就是交屋前。

過去半年，因為市場突然變得很熱，預售屋價錢似乎一直飆漲，這時候更早之前已經完銷的一批物件，就像撿到寶似地，似乎可以坐等起價。

殊不知，一旦交屋時，可能的「餡餅」立刻變成「刀子」，大概很難找到人接手。因為如果本來就是投資，難不成再找投資客？肯定是把目標放在自住客。

自住客買預售屋，首先是買夢想，其次是付款期長，等到要交屋

陌生網友願意找換約物件，我鼓勵他：「加個十幾二十萬是非常合理的。」結果他一陣沉默後，才回我：「對方要加兩百萬。」然後換我沉默了。

的預售屋轉手物件，既沒有付款期長的這個好處，又要直接面臨原來格局這樣不好用？原來衛浴沒開窗？原來客廳「暗摸摸」的現實面，連一個可以做夢的機會都沒有，那麼憑什麼要自住客多出兩百萬呢？

總之，接手預售屋換約的物件，請千萬再把格局平面配置圖看清楚，到底朝向哪裡？空間多大？隔壁是什麼？戶數會不會太多等等，一旦交屋，很多缺點暴露時，屆時能夠平轉就很不錯了。

反過來說，想要投資預售屋，也一樣要看清楚。因為以為時間很長，慢慢找買主就好，殊不知自住買主很挑剔的，不會隨便買根本不清楚的物件。除非一開始就要買來收租，就算如此，也千萬別抱持隨便買、隨便租的心態，畢竟預售新屋都不便宜，要想單靠收租獲利是很難的事。

唯有大家都把刀子和餡餅分清楚，建商才會認真規劃好的物件、好的格局，而不是等到交屋時，醜媳婦總要見公婆的那一刻，一切的缺點無所遁形，就已經為時晚矣。

2-5

爲什麼我無法信任你，房仲？ ╳ 專業、透明，努力才能超越低標！

拒絕兩光，提升房仲信任感

不少人跟我說：「羅姐好威啊！什麼都敢說敢寫。」那我怎能不寫這一篇呢？是的，我要努力地融入、瞭解、掌握，看看房仲業到底在做什麼？所以，要先誠實接受一般購屋者對於房仲的不信任心態。

不管法律怎樣完備，或是要求房仲把資料做到多麼詳細，或是需要證照，仍然有很多購屋者都會覺得，房仲給人的觀感還是不好，究其原因大概有以下幾項：

首先是專業問題。專業不是什麼稅法、地價、買賣流程，或是金流跟謄本過戶等細節，那些有代書和很多法條所框住，所以也不太會真的要詐騙，而是從前面接觸開始，就覺得這人「很兩光」。

「我來看房，你竟比我還不熟環境。」這是網友跟我分享對於接觸到房仲的看法。例如青埔，很多小的路名，的確不是很容易記憶，有很多社區也長的很像。但是，既然要帶看，就要把「你有準備」表現出來才對。若是舊市區，可能來看房的人，是從小在這裡附近長大。房仲再連東西南北都搞不清楚，一定被打槍。

其次，訊息不透明。買方不知道屋主為什麼要賣？不知住過或是沒住過的原因？不知道希望賣多少價錢？賣方不知有幾組客人來看？不知看過後的反應是好是壞？不知到底出價為何這樣偏離行情？甚至不知是不是真的有人來看房？

最近有些地方，看起來很熱門，預售屋一直調價，回頭來看中古屋，結果更慘，完全不知道是屋主突然失心瘋？還是仲介想要賺更多的著了道？最後是在議價時候的「碟中碟大戲門票很貴」。

買賣過房子的人都知道，仲介很怕買賣雙方在事前見到面，可能會跳過自己成交，連簽約當天還要先在小房間隔開，雙方你來我往，就為了傳個話，簡直是看戲的是傻子，演戲的是瘋子。

知之為知之，不知為不知

寫到這裡，看我專欄的很多仲介朋友，大概覺得羅姐幹嘛把話說到這樣。但是，請別忘記，只有面對現實，自我察覺，才是成長的最大機會。

以青埔這樣的重劃區，有很多購屋者是看網路資訊而來，網路社群成為房地產成交的新趨勢。然而，經營網路不代表不用接地氣，網

房地產社群或是網站一直重複訊息不完整的售屋廣告，永遠都是「誠心釋出，絕版好房」，但這樣的廣告詞並無法打動購屋者。

路上吸引而來的購屋者，絕對比房仲業者更會使用網路，只要在溝通對話中，抓住你的話語上網一查便知真假，寧可「知之為知之，不知為不知」。

青埔有很多房地產社群或是網站在經營，當你把每一家仔細讀過，就知道有時一直重複或是訊息不完整的售屋廣告，還是非常多，永遠都是「誠心釋出，不要錯過，絕版好房，邀你入住」，這樣的廣告詞並無法打動購屋者。

那麼，為何要私訊你？大家一直私來私去，沒有真正有用的資訊在上面交流，社區價錢甚至坪數地點，沒有一個要公開說，就怕同業搶案，也怕同業破壞。這樣的行業風氣，怎樣讓別人喜歡房仲呢？

再說一下其它的宣傳方式，現在比較少看到房仲亂發廣告小紙條，或是群聚在街巷尾拉人看屋等陋習，但我仍然希望房仲朋友，如果要在某一個地區賣屋，至少要認識瞭解在地，這樣才可以深耕。

期待有一天，網友會私訊：「請推薦一位房仲給我？」而不是來問我：「這個甲房仲講的對嗎？乙房仲有沒有騙人？這個社區到底怎麼樣，請羅姐告訴我，因為我不相信丙房仲說的……。」

我對於房仲的專業有著頗高的標準，也抱著相當大的期待，畢竟你們才是靠這行吃飯，要靠你們的努力，讓更多自住客喜買到喜歡的房子在此生活。至於羅姐我寫的內容，房仲朋友要把它當作低標。努力超越吧！

2-6

房貸成爲瓶頸跟要徑 × 貸款成數和銀行評估物件價值有絕對關係

貸款成數高，心甘情願被牽制？

大多數的人購屋都是要辦理貸款，甚至少數有足夠財力的人，也因為房貸利率低，也會辦理房貸做資金運用。

最近青埔因為話題熱門，搞到不少預售屋要不惜售，要不突然調高價格，讓很多準備購屋的消費者驚愕不已，也紛紛調頭來看所謂的中古屋。我也在有人私訊我，詢問有關購屋的問題時，一定會問：「你也看過中古屋了嗎？建議在青埔要跟預售一起看，可以多做比較。」

但是再往下，就會碰到很實際的購屋價錢和貸款問題。因為跟建商買預售屋，大多貸款成數都比較高，而且拉長自備款的繳付期間，把買屋的自備金額門檻降低不少，所以只好又甘願被拉高的預售屋價格給牽制住。

提到貸款問題，很多人會先說：「仍是要看個人條件，不一定會貸多少。」這點當然是對的，可是大部分的購屋者，可能不知道銀行端除了個人條件，又是怎樣看待放貸的事宜。

具體來說，有的銀行眼看這個地區發展比較高，有的卻把像青埔這類重劃區都看做還未發展，不願放較高成數。有的銀行喜歡把自己分行的房貸比重，放成熟市區，有的銀行卻願意跑新興地區增加業績，而且同一家銀行、每一個分行也不同。

貸款前，銀行多比三家

以青埔來說，有的銀行還會再區分為大園區跟中壢區門牌，有的已經搞清楚青埔是一體，只要確認是否在區內（區外都是甲建，當然貸款成數低）。

如果找到願意承做青埔的銀行，其實每一個路段、每一個社區，在風險控管當中，也有相當大的差異呢！記得以前在舊市區曾經發現，同樣的一條路，左邊跟在右邊的社區，估出來的價錢就是有落差。我現在自己看房或是陪同看房，若有一點出價的可能，一定會請房仲先打聽一下，有哪個銀行看待這個物件比較高。一開始，很多房仲不理解我的問題，都會回答：「要看你的個人條件！」或是說：「大概就是七八成不等。」類似這種籠統的答案。但經我仔細說明後，才會知道銀行端的評估，對物件本身價值性是很有關係的。

最近因為資金寬鬆，所以什麼九成房貸，或是五年寬限期之類的特殊優惠都跑出來，或是有一段時間，所謂套房的貸款受到限制，也

若跟建商買預售屋，大多貸款成數都比較高，而且拉長自備款的繳付期間，很多人只好甘願被拉高的預售屋價格給牽制住。

逐漸找到解決方式，畢竟現在還是比較多小坪數的物件，受到首購族的青睞。

但是，不管如何，有一句老話：「出來混，總是要還的！」所以不要刻意把貸款成數拉大，或是寬限期拉長，就忽略了總價的多寡，畢竟錢還是要自己還的。

對於房仲業者來說，我覺得多搞清楚銀行（分行），哪些比較看好你所在的地區，願意提供更多優惠給這裡的物件，一定是幫助成交的不二法門。對於購屋者，平常就要多跟至少兩家銀行有固定和較頻繁的來往，薪轉銀行之外另外選一家，一直保持固定的金額往來，例如信用卡，而且不能有遲繳和違規記錄。這些都可以對於核貸房貸有所幫助。

圖 2-6
各類建物的貸款限制，可說大不同。

2-7

如何找到好的室內設計師？ ╳ 估量預算和釐清需求

找設計師，也有眉角？

一位跟我私訊多次，最終在青埔買到「好房」的社團朋友，之前曾問：「請問羅姐，找設計師也有眉角嗎？」當然有啊！這裡不妨也寫出來提供大家參考。

很多年前，我在某大集團的地產部門，有一個大型造鎮建案交屋（超過兩千戶），我則負責交屋專案，要「變出」十五間實品屋，給交屋和銷售餘屋的業務單位使用，進一步在集團內籌備室內設計子公司。當時的實品屋很少見，還造成不小的話題和轟動。

當然，現在的時空環境固然不同，但是仍有很多沒有改變的情況，可以針對已經進步的產業狀況進一步探討。其中，改變最多的當然是網路和通訊軟體。所以要找室內設計，一定要先在網路做功課，從大概預算、分成的類別、發包的做法等等，或是可以搜尋一些相關書籍參考閱讀。

那麼這篇要談什麼呢？除了懶人包功能之外，當然也有一些自己的心得。

想法千萬點，睡醒回原點

首先，講到預算可就真的非常現實，花了一大筆錢買房之後，還要準備裝潢預算，常常變成「想法千萬點，睡醒回原點」。我建議可以採用以下兩個概念來打算：

第一，總價法。這和買房不同，買房還可以因為有貸款（當然也有裝潢貸款，先略過不表），裝潢基本都要準備現款，有沒有錢是一個限制，而且要把可負擔的扣掉，像是扣掉冷氣、家電，剩下的才是可用的預算。當中並沒有傢俱喔，因為傢俱是可以移動的物件，所以真的不行的話，可以後續再慢慢添購。

我曾經買房五年後，才有錢買書架，甚至我的第一間房子，一直到搬走，客廳還是只有燈泡，連燈具都沒有。

第二，單坪計算法。因為很多室內設計師，不管是設計費，還是大概會抓一下預算，而且都用坪數來算，這裡的坪數要扣掉公設、陽台，或是應該不太會修改的廚衛（特別是新房子），所以權狀四十坪，扣一下可能真的要動到的只剩一半面積。更節省一點的，還會先把不太用到的那間客房，或是預留的小孩房再扣掉，坪數就更少了。

找室內設計之前，一定要先在網路做功課，從大概預算、分成類別、發包的做法等等，或是可以搜尋一些相關書籍參考閱讀。

切勿捨近求遠，設計講求接地氣

回到設計師這個概念，我的簡單看法如下：

第一，以瞭解附近的在地設計師為優先。因為室內設計的施工，工種很多很細，如果找太遠的設計師，他的工班雖然說可以到處接案，然而一旦調度起來就是一個大麻煩。

第二，我會找有比較多接近案例的設計師，例如，坪數相當、家庭成員年紀相當、家庭人口數相當等等，也就是說專作豪宅和小套房是兩種不同的概念和經驗，雖然設計師一定告訴你都可以做，但是細部下去還是有差。

第三，溝通盡量具體化，不管是用圖片或是看案例，不要只跟設計師一直說：「我喜歡簡單明亮，或是什麼輕北歐風，無印風，工業風⋯⋯。」這樣好像很具體，其實都只是空泛的話，無助於落實到自己理想中的家。反過來，假使設計師一直在講類似的話，也請務必小心。

第四，先把家庭成員的需求條列下來，在尋找設計師時，可以把這些需求給他看，有助於當作發包前的「考試」，瞭解設計師可否達到你的期望。

最後，還是免不了的奉送幾句話——要快要好的，就會貴；又貴又要好的，應該就慢；又便宜又要好的，可能要等、要找，甚至碰運氣。如果有人提供又快、又好，又便宜的設計，那麼可能是騙你的，或是請告訴我，讓我有機會替他宣傳一下！

2-8

設計師不是萬能 ╳ 可動與不可動，都有實際考量！

就連設計師也有「破」不了的坎？

這裡給大家猜猜，看房子的時候，不管是預售、新成屋，還是中古屋，我最不喜歡聽到的一句話術是什麼？答案一定讓人跌破眼鏡，因為我最不喜歡聽到銷售人員說：「這個格局不好沒關係，再請室內設計師就好！」

對於格局，自然有我的堅持跟理念，有些格局確實經過室內設計師的巧妙安排，不僅是畫龍點睛，對於很多老房子來說，簡直是脫胎換骨。我也完全認同，室內設計師的專業，在格局破解部分，真的有很棒的加分作用。

但是，室內設計師真的不是萬能。曾經有一個朋友，買了快一百坪的房子，說要三代同堂一起住。

我看了原始格局圖，就覺得他思考不夠周延，有些狀況是連室內設計師都「破」不了的關卡，這個格局並不適合他。舉例來說，衛浴規劃不足、動線單一無法創造第二客廳等等。事後證明，果然如此，雖然空間很大，卻想要三代同堂各有私密性，就真的差那麼一點。

對於小一點坪數的房子，當然限制就更大了。在看格局時，有人會因為本來就有裝潢預算，所以不管原本格局如何，只看其他條件，然後再來個「全室敲除」嗎？這樣不僅浪費時間、金錢，還創造許多裝潢及工地廢棄物。如果能夠再堅持一下下，重新挑選一個格局比較符合自己需求的房子，應該會更理想些。

絕對領域，設計師千萬不能動！

室內設計師有幾個不能或是不宜變動的點，要提醒大家注意。

首先，樑柱結構不能動。老房子經常有可能忽略這點而隨便施工，最後影響結構的疑慮。現在法規對於室內裝修有很多限制，就是避免這個問題點。新房子的裝修通常更不會劍走偏鋒，不會也不能做不合法的事情，所以到底哪裡可以敲除，一定要事先搞清楚。

其次，門窗不能動。這個意思當然不是說室內改少一個房間，還要保留門，而是說，窗戶在外牆上，不能移位，只能遮掉，減少了應該有的光線。大門在結構上也不能移位。到底好用不好用，可不可以多一個房間，能不能放鞋櫃之類，很多是在一開始就注定了，不要幻想設計師可以變魔術。

最後，水區更是能不動就不要動。水區是指衛浴和廚房給水的那

> 我最不喜歡聽到銷售人員說：「這個格局不好沒關係，再請室內設計師就好！」

面牆，這些地方一旦變動，建商的結構等保固就可以不算，而且通常可以改變的地方極少。有時候老房子會用加高衛浴間地面的方式，改變糞管和淋浴位置等等，其實都是不好的做法，這種改動很容易造成自己和樓下住家的問題。

像青埔這樣的重劃區，以新房子居多，選擇也多，所以真的拜託有購屋計劃的人，多找一下自己喜歡或是偏好的格局。因此，不要想買來以後再請設計師客變。客變能改的空間真的很小，而設計師絕非萬能。

圖 2-8-1
開窗位置和廚房，通常都是不能變動的地方。

圖 2-8-2
絕對領域，設計師動不了。

2-9

如何避免一線天的房子？ × 請建商給隔壁留一些空間啊！

大樓貼大樓，就地合法？

在人口稠密的舊市區，一棟大樓和一棟大樓櫛比鱗次，經常出現一線天的景象。所以才會有人說，低樓層採光比較不好的問題，這個狀況在有「日照權」的地方，比較不會出現。若是新房子擋到原來房子的日照權，那就不能拿到建照喔！然而，看起來空曠的青埔重劃區，卻逐漸出現兩棟大樓貼得很近的問題，雖然就地合法，但是看起來還是很難過，明明可能有機會避免！

面對這種狀況，要從還是「素地」說起，先蓋起來的房子，得考慮後面基地可能的做法，留給別人一些發揮空間。（這事很難，因為青埔很多地是逐漸整合）；後蓋起來的房子，當然也要考慮給原有住戶一些日照空間（這事更難，誰要犧牲建築面積啊？）

或許你以為我在說天方夜譚，但是，有時真的要靠建築同業的自覺和自制。很多年前，我參與過建築師和建商的素地開發會議，真的就有討論過，要給隔壁留一些空間，該把車道出口放在哪裡，使隔壁老公寓的採光不會全部受到遮蔽。這些和法規無關，而是和建商或是建築師本身的想法有關。

大樓相親相愛，人人不愛

同樣地，青埔這些開始相親相愛的大樓，前後的建商和建築師，有沒有真的「各退一步」，思考一下雙贏的可能呢？答案當然是無解，但是一棟建築落地就是五十年啊！有時想想真覺得可惜了。

以下舉幾個青埔的建案例子，不管是艾美館和隔壁、海德公園和隔壁、紐約線上和隔壁，我都覺得如果有機會的話，彼此距離再更大一些，會不會更美好呢？最近看到聯上世界和首富這兩個社區，和新蓋的一棟大樓，真的出現狹小的空隙狀況，這有點可惜了，面對狹窄棟距的戶別，居住起來的品質真的要打折扣囉！

話說到此，可能有人會說：「那可真沒辦法，誰知道隔壁蓋起來怎麼樣？」我覺得現在資訊很透明，購買房子前，可以調出圖或是土地的地號，看一下隔壁土地目前的整合狀況，以及土地切割的大小，問一下建築法規哪些地方是要退縮等等，還是需要做好功課。目前有規定要退縮地界幾公尺才可以開窗，或是道路退縮多少才可以拉出建築線，這些都是可以打聽出來的規則。不管最後要買或賣，都要把隔壁可能會怎樣呈現當作一個重要資訊，而不是兩手一攤說著沒辦法，一切只能靠運氣，這未免太消極了啊！

關於素地開發，先蓋起來的房子，得考慮後面基地可能的做法，留給別人一些發揮空間，然而這事卻很難。

2-10

打房打到誰？ ╳ 百業蕭條，自住客卻火熱

百業蕭條，消費竟火熱？

近期的打房問題，大家都十分關切，首先看公布的內容，跟目前看房的自住者，其實沒有關係。可是自住者難免關心，那麼房價有可能會降低一點嗎？還是要從整體來看一下這個狀況。

由於這兩年以來的疫情和游資影響之下，導致房價攀升，明明「百業蕭條」，看起來很多產業幾乎快要奄奄一息，「就此再見」的企業也不算少，可是很奇怪地，很多消費卻異常火熱，包括新車，也創下銷售記錄，賣到沒車可以賣的情況。

講回房市，特別是青埔，我覺得二〇二〇年本來就過熱了，除了一些大型商業開幕，加上有建商換手土地，還有一些對青埔來說的新建商推案，就把價格往上拉了一截。對於想要成為「新都心」的青埔來說，太熱或是太快熱，並不是一件好事，很容易就把自住客擋在外面。

因此，打房這件事，不要說有效沒效，光是心理上就可以讓熱度緩一下，總和可能對於青埔房市的影響，我覺得自住客反而開始比較有信心前來詢問，所以想要賣房子的建商，千萬好好把握，不要再擺出一副「愛買不買隨你」的態度。因為，初期好像

對財力雄厚建商的融資比例下降沒有影響，但是終究回到市場上，還是會出現觀望和互相牽制的效應。

口袋深，打房根本打不到？

青埔一些即將在明年交屋的預售案，原先看起來好像買到相對低點，特別是當時原想要買來收租，或是轉手賺價差的人，請千萬注意，因為很可能在交屋時，只要是你的第三房，有些貸款可能會有成數不足的問題。

如果真的有可能，現在就要考慮一下，有沒有換約的需求？早點丟出市場，比較不會造成自己的壓力。

但是反過來說，因為這批建案推出是在「景氣相對不好」的時候，格局規劃又以精簡居多，實際住起來恐怕不是想像中那麼美好，若要自住接手，務必把平面格局圖看清楚再買。不然忍耐一下，等更接近交屋期，一旦投資客手上資金不足，交屋壓力變大時，才有機會以較低價格買到房屋。

此外，青埔目前還有不少餘屋在建商手上，現在建商餘屋貸款成數降到一半，也希望建商不要繼續「惜售」，應該在市場上釋出，收

打房這件事，不要說有效沒效，光是心理上就可以讓熱度緩一下，回到市場上，還是會出現觀望和互相牽制的效應。

些現金回來，不要把槓桿操作過大，因為要買新建地的融資等，也會受此影響。

說到這些，似乎以「喊話」居多，因為也有人回應，真正投資客是不會資金不足，真正的建商也是口袋很深，打房根本打不到他們。

好吧！其實我始終是希望更多自住客加入青埔，而不只是來青埔投資，祝福自住客能夠繼續努力，不要放棄青埔，多努力尋找和等待，一定會有好房出現！

圖 2-10
眾多建案持續推出，打房到底打到誰呢？

2-11

先生，房子怎麼賣？ ╳ 菜市場撈人術，竟然沒過時！

小姐，想要別墅嗎？

看到題目，會不會覺得打錯字了？應該是：「房子怎麼買？」其實，買賣本是一體兩面，要有人買、有人賣，這個交易才會存在啊！

以下分享三個實例。故事一，前幾天去中壢一家五星級菜市場買菜，買完菜到頂樓停車場，突然旁邊有名中年男子，問我：「小姐，想要買別墅嗎？」我本來對於這種想要來推銷（我這個年紀不會是有人來搭訕，哈），一定假裝沒聽到，直接走過去。

然而一聽到是「房地產」，就回頭看了一下，他沒有穿房仲制服，手上拿著幾張ＤＭ，看到我回頭，立刻把ＤＭ遞上，然後說：「我們也有大樓喔！」

因為提著菜很重，謝過之後就拿了ＤＭ上車，仔細一瞧竟發現地點位在龍潭和大溪。這倒是很奇怪，雖然菜市場應該是不少房仲「踩點」一定會來的地方，把附近物件印成傳單，發給上菜場的婆婆媽媽，不管是開發物件，還是銷售物件都有一定成效。

但是如此遠的物件，難道現在買房子跟買菜一樣了，所以才要到菜市場撈人？

故事二，大家一定都碰過在交流道下來時，挨著一輛一輛車子發DM的傳單部隊，有時不好意思不拿，就帶回去折成餐桌上放骨頭的紙盒子吧！但是，碰過在青埔小巷小街等紅綠燈，有人敲車窗，問你：「有沒有在找房？」我正好遇過兩次，他手上拿個某建案的DM，我很懷疑這樣可以找到誰（正好也要買房），是否也表示這個建案應該沒有想像中的好賣吧？這兩次足足間隔了兩個多月，一看居然是同一個建案，而且都還是在距離建案比較遠的另外一側碰到這些人。

故事三，那天看到一輛機車，後面的架子有點簡陋，卻有好幾個房地產物件。我想，這難道是房仲的新招數？從「吳柏毅」和「熊貓」找來的靈感？可是沒有看到房仲的招牌，也沒有看到機車車主，相當好奇這樣大街小巷地跑，是要讓誰看到你的物件呢？

時代在走，方法不變？

很久很久以前，賣房子是所謂「貼紅條」，或是刊登報紙「分類小廣告」時期，都是屋主自己處理，最後找一下代書。

所以代書有時也成為介紹買賣的中繼站，因為訊息不夠流通，所以街頭巷尾的里長伯和雜貨店，也可以變成房地產買賣的中間人。但

大家一定都碰過在交流道下來時，挨著一輛一輛車子發DM的傳單部隊，有時不好意思不拿，就帶回去折成餐桌上放骨頭的紙盒子吧！

是，現在網路如此發達，以前的方式照理說已經式微或是消失，我們卻仍然看到非常傳統的發放傳單，或是滿大街碰運氣的做法，是否也太浪費資源和人力了呢？

反過來說，也有很多買房子的人，連 Google 都不先搜尋看看，直接在一些房產社團或群組，問些很簡單的問題，就想很快速找到又好又便宜的房子，當然都是緣木求魚的做法吧？

前面說買和賣是一體兩面，有人這樣賣，肯定表示有人是這樣買。如果沒效，應該就不會有人繼續了才對。所以有好一陣子，電線杆上貼滿小廣告，若是有人積極檢舉和撕除，就有機會銷聲匿跡了。

下一步可能還是要再管理一下房地產銷售的路邊看板，還給大家一個更美麗的市容了吧！

圖 2-11
圍籬和看板，還是賣房的主要做法。

2-12

從工地管理看建築品質 × 觀察眉角，高下立判

勤看工地，才能看緊荷包

工地細節對於所有要買或是準備買預售屋的朋友，都是非常重要的一環，已經買了房的人，或許可能已經有點來不及，但是看工地，還真的是「看緊可能是自己這輩子最大金額支出」的重要方法之一。

年輕時候的我，在營造業工作過好多年，掐指算了一下，參與過的工地，從基隆到高雄，公司承包過的集合住宅就超過七千戶，舉凡上頂板、走鷹架、爬塔吊，在施工結構體中穿梭自如，更是家常便飯。

當我說要從工地管理來分享怎樣看好房時，免不了有人潑我冷水。先是自滅威風：「我們一般人一定看不懂！」或是「營建工地不會給你進去看啦！」其實，先別說要不要真的進去看，光是經過門口，就可以看出很多事情來了。

這裡單純分享觀察到的一些現象，我只強調一個重要觀點，那就是工地管不好，房子一定蓋不好。

說得完整一點，營建工程是一個非常複雜的整合性工作，要想日後使用時的品質有所保證，就要把每一個細節抓好。特別是

建築本體可能就要用上五十年，其他附屬的配備，也不是隨隨便便說要更換就能換，怎可不慎重？

工地管不好，房子一定蓋不好？

不要說蓋到房子因為地震而倒塌傾斜，還可能鬧出人命這樣嚴重的事件，光是一些營建工程的瑕疵，對於花了自己畢生積蓄換來安身立命的居所，卻碰到非常糟糕的建築品質，真的是讓購屋者情何以堪啊！

這裡分享兩張照片，呈現兩個不同工地的狀況，特別是鷹架、圍籬，仔細看一下，一個非常混亂（圖 2-12-1），一個非常整齊（圖 2-12-2），這時可能會有人跳起來說：「一個是廢料，一個是材料啦！」沒錯，我「混」過那麼多工地，難道連這個也看不出來？但是，不僅是外圍，就是看地面和堆放的方式，當下優劣立判了吧？就算是廢料堆放，也可以把四周「腳路」清理一下，也是比較安全的做法。

再看看工地門旁邊，依照建築法規要列出的各種告示，包括施工時間、起造人，或是工地主任姓名等等，除了政府規定的綠色大牌外，通常工地也會把相關公告放在顯眼的地方。如果一個工地，擺放著簡

> 年輕的我，在營造業工作過好多年，舉凡上頂板、走鷹架、爬塔吊，在施工結構體中穿梭自如，更是家常便飯。

陋、難看又破損的公告欄，另一個工地居然連電子告示板都用上了，哪種比較專業呢？

以上這些都是尚在興建中的建案，還都設有接待中心，如果是要買房子的自住客，你們會覺得哪一個建案的建築品質比較好呢？你會選哪間房子呢？

圖 2-12-1 工地一景

圖 2-12-2 工地一景

2-13

再談工地管理 ╳ 沒有比較，就沒有傷害

建築工地，成住宅亂源？

在自家隔壁或附近，若是有建築工地要開始執行，大家不免感到頭大，似乎建築工地已經變成一種嫌惡設施。

當然在興建房屋過程中，免不了出現很多噪音，從整地、開挖地下室、打樁，一路到灌漿、裝修等等，真是讓人不得安寧。同時，似乎也變成周圍髒亂的來源，從四周的廢棄物，還是垃圾、廚餘、菸蒂，不管是晴天的塵土飛揚到雨天的泥濘不堪，甚至還會影響人車通行等等。

一個工地管理的好壞，對於建築物本身的品質，肯定是正相關。如果要購買預售屋，一定要關心一下興建的過程，就算看不懂，只要密切關心，一定可以帶給建商壓力，營建管理也會更加盡心盡力。

以下提出幾個可以關心的面向：從整地開始，對待垃圾的態度。雖然隨著時間推移，工地會出現垃圾的種類跟狀況都不同，但是堆放在哪裡？怎樣處理？就可以看出管理良莠。一旦垃圾亂放，就可能讓材料或是要用的設備跟垃圾太靠近，施工過程就容易造成失誤。

對於施工人員的管理模式，如果工地主管沒有嚴格要求工人的紀律，都還不用談到工作本身了，如果吸菸、喝酒、檳榔都不加以規範和管制，菸蒂、酒瓶、飲料罐在工地四周隨處可見，請問工地內會乾淨嗎？搞不好就會跑到建築結構體裡面，或是隱藏在角落，誇張一點的，搞不好幾十年以後才被發現。

進一步說，施工人員的管理有一個最重要的環節，就是安全。有沒有戴安全帽？穿安全鞋？高空作業有沒有安全保護？一旦發生問題，還沒交屋就變凶宅了。目前雖然有勞動安全檢查單位在關心，但是買預售屋的我們，碰到這樣的營造廠，恐怕真會睡不安穩。

沒有比較，沒有傷害

對於四周環境的處理，有的工地是一開工，四周行人都走不了。但是依照規定，仍要留出行人空間，而且頂上要有所保護。

我參觀過香港、日本、韓國的工地管理，有時走在旁邊，可以乾淨整齊到忘記裡面是個工地，就知道其中的差異。

除了工地整體的管理，當蓋到自己要購買的那一層，也是關心的重點。大家都只記得要客變了，之前到處詢問要不要找設計師，其實

興建房屋過程中，免不了出現很多噪音，從整地、開挖地下室、打樁，一路到灌漿、裝修等等，真是讓人不得安寧。

當灌漿到下一層，包括自己這層和上一層時，就多走走看看吧！

如果快到要接近時，更換工地管理人員（大門口上方看板可以看到），或是灌漿灌到一半突然下大雨，或是前一層的灌漿車排列十部，結果到自己這層只看到少少幾部。總之，就是感覺有點不尋常的話，就可以關心一下，是不是發生什麼特別狀況。

以上這些，很多人可能認為講了也沒有用，或是銷售人員跑掉了，或是工地不理你，導致自己真的買了預售屋之後，覺得無法掌握興建過程，只能「無可奈何」相信建商的保證，但是就算如此，也是要努力看看。

現在的資訊很透明，有些工地可以做到讓購買戶遠端監控，興建到你家這層樓時，還會提醒你上網監督，甚至把所有過程都記錄下來，交屋時一併附贈檔案，過程中用了什麼水泥、水電怎樣配置等等，鉅細靡遺。

其實，沒有比較，就沒有傷害。今年沒有什麼颱風，只有最近東北季風很強，我比較了幾個工地的鷹架保護網，有的乾淨整齊，有的看起來破舊不堪，還有的工地，從開車經過，就看到一堆垃圾從上面丟下來，卡在鷹架上。

首先，這些案子都還在賣，其次，這和專業都無關，卻又都是抬眼就可以看到，說得難聽一點，各位親愛的朋友，如果這樣的建案你都願意去買它，等到後面施工品質不良時再來抱怨，請問是不是剛好而已呢？

2-14

我是不是買貴了？  房子喜歡才是重點

談判學，談出好房價

想必這是很多買房自住朋友的心聲，在這個疫情方興未艾的時候，為什麼議價都下不來？為什麼別人好像都買得比我便宜？上網看了好久，也不知這樣到底還有沒有空間啊？

買房似乎還需要上一門談判學，這裡先來分享一些看法，首先房子是一個空間，估了就是估了，所以你要買的這戶，硬是跟樓下不一樣，跟隔壁也不一樣，說是「獨一無二」也不為過。所以真要比較的話，可能也很難類比，買房跟買股票不同，股票只有時間差，這間公司的股票，只有你哪時買的？而不會你的股票跟他的股票不一樣，而房子就真的有所差別。

因此，如果只講到平均就不夠周延了，我們看一大堆的數據分析，或是房價走向，那是整體，一旦放到個案時，就會發現桃園房價平均 XX 萬，那是拿中悅的房子去跟寶佳也一起平均？同一個社區裡面，拿四樓去跟十二樓平均？面溪的跟面其他建案的平均？這還只是新房子，若加上建物年紀，那就相差得很遠了。面對這樣的數字，覺得自己買貴或是買便宜，有時也不甚公平。

房子喜歡，才是重點

青埔整體總共四．九平方公里，這是什麼概念呢？是跟全臺灣最小的行政區域新北市永和區五．七平方公里相比，其實已經是不小的區塊。所以，買在哪裡還是有點差別。

說到永和，假設有一點點概念，應該知道樂華戲院和秀朗橋就是兩個完全不同的選擇。但是講回青埔，總有人問說：「青埔到底房價是多少？」、「啊！超過三十萬一坪是不是瘋了？」或是「一字頭在哪裡？」（意思是一坪十幾萬，不到二十萬的房子）就目前而言，應該是同時並存，和其他行政區相同，貴的房子和便宜的房子都有啊！

試舉青埔某一個區域建案為例，可以看到大馬路邊上的國塘，後面一條街的明日朗朗，還有在更後面的竹風青田。這三個社區都在非常接近的地方，請問平均是多少呢？哪裡最貴呢？大家可能覺得越靠近大馬路的越貴，所以這樣的標準就是最後面的青田最便宜。可是，打算蓋在青田旁邊的房子，以後將會成為青埔地標，是中悅的「豪」豪宅呢！總之，自住的房子因為有個人的考量跟喜好，除非不買，否則建議不要拘泥於每坪單價貴了多少？而是可以爭取多一點附加價值，例如大車位、好車位等，可能比硬要殺價來得划算。

房子是一個空間，佔了就是佔了，所以你要買的跟樓下不一樣，跟隔壁也不一樣，說是「獨一無二」也不為過。

我有一個做房地產多年的好朋友，他說自己「專殺尾盤」，就是去找已經快要完銷的成屋案，直接去看剩下的房子，丟出一個很低的價錢，談不成就算了，因此往往很有斬獲。

可惜聽了這麼多年，他的招數對我完全沒用，因為「我要自住，我要自住，我要自住」，這點很重要，所以說三遍。所以，別人的議價模式，可能對自住客的幫助有限，房子符合自己需求或是喜歡，才是重要的關鍵囉！

圖 2-14
自住買房，價格肯定是關鍵因素。

2-15

買到的是肥肉，還是瘦肉？ × 首要降低嫌惡設施比例

瘦肉盡量多，肥肉少一點

咦？不是談房子？怎麼變成買肉了？沒關係，這就是一個「巷子內」的比喻。對於每一個預售的案件，都有肥肉和瘦肉的比例，所謂「瘦肉」就是好賣的部分，「肥肉」是說比較難銷的部分。當然，有人愛吃肥肉，也有人愛吃瘦肉，這哪可以釐得清呢？我們最常聽到「青菜蘿蔔各有人愛」，或是「只有賣不出去的價錢，沒有賣不出去的房子」云云。但是，在一個建案規劃階段，可不是這樣的。

具體來說，假設一個建地，一面是有景觀，另外一面後面貼近大樓，所以沒有景觀。那麼，前面是瘦肉，後面是肥肉。若是其中一面有低矮難看的舊社區，另外一面是學校，那麼面向學校的應該就是瘦肉了。風大的地方，朝東北就是肥肉，或是朝正西的西曬嚴重，也許可能是肥肉。

一個好的個案規劃，當然是瘦肉盡量多，肥肉少一點。所以跟建築師開會的時候，就會討論說，肥肉怎樣避開難銷的點？或是盡量可以怎樣調整？好的那面可以多規劃幾戶有窗戶，可以看到景觀？再例如，東北角有個嫌惡設施，就不要開窗，當然就會

減少難賣的程度。

代銷賣法各異，入手依己所需

經過多年相關的訓練，我大概一看預售屋的平面配置圖，馬上可以看出哪裡是瘦肉、哪裡是肥肉？

落到代銷的層次時，就會出現各種「賣法」，例如分棟賣，先把不肥不瘦的拿出來，真正精華以後再賣，甚至是不好賣的肥肉，包裝一下先賣，如果傻傻地全部開賣，就會變成越來越難賣！（這當然跟景氣、買氣的落差有關，以及各地習慣不同，技巧方法很多）也可以問一下每個建案的單層價差和樓層價差，就大概可以知道他們覺得這個案子的肥瘦肉差異。

既然知道有瘦肉、肥肉的差別，就可以看出建商有沒有用心規劃，盡量不要使個案當中每一戶相差太遠。進一步說，在銷售端，肥肉、瘦肉價錢哪有可能一樣？一方面要做出價差，使得多出錢的瘦肉買得心甘情願，另一方面當然也不要把肥肉賣得太便宜，拉低整體氣勢跟價格。對於自住戶來說，最棒的就是「他的肥肉是你的瘦肉」，例如在臺灣的四樓，在香港就是十三樓，不在意的人當然可以有機會找到好一點的價格囉！

肥肉、瘦肉哪有可能一樣？一方面要做出價差，使得多出錢的瘦肉買得心甘情願，另一方面也不要把肥肉賣得太便宜，拉低整體氣勢跟價格。

2-16

車道上方的房子，可以買嗎？ ╳ 規劃前遠離干擾，別讓風水老師太忙！

好的設計，從規劃落實

現在的大樓社區，肯定有地下停車場，當然就會有車道囉！那麼，車道上方的房子，可以買嗎？就風水的角度，一定聽過這樣房子就是有煞，所以最好不要買的說法。那麼，可不可以避免呢？喔，那麼是要怎樣擋煞，還是？

其實，最好的方式，是從規劃的時候就加以避免。這件事當然要講回建築師，只要基地面積許可，如果有機會就應該避開這樣的設計，把車道出入口拉出建築物外，不可以只貪圖方便，然後又讓銷售房子的人回說「只有賣不出去的價錢」之類，最後讓風水老師很忙。

建築規劃工作是在產業鏈比較前端的部分，所以我對於他們的期望，肯定是比較多。很多事情，就是一開始只要再多用點心、多努力一些，一定有機會更好。

光害與噪音干擾，影響安適

以目前觀察到的社區來說，停車道正上方就有房子的機率，應該不在少數。

曾有風水老師講過，超過三個樓層以上就沒關係，所以意思五樓以上就沒問題？我覺得很多風水老師的說法也有差別，所以先不要談風水，而是這樣的房子究竟住起來怎麼樣？又會有哪些可能問題呢？

首先，車道的鐵捲門起降，應該會有比較大的聲音。有些住戶可能半夜回家，樓上住戶就有很大的機會受到干擾，有的車道甚至還有警示聲音，假使上方正好是臥室的話，很難不被影響。此外，車道應該還會有閃光和車燈，也是另外一種干擾，必須把上方的房間窗簾全都放下。曾經看過一個案子，上方還佈置成書房，書桌面對車道，只要車子一下車道，車燈就先直接照向坐在書桌前的人，這樣不受干擾才奇怪吧？

當然，進一步來說，如果車道出口向著對面社區的某戶，出車也可能會有車燈干擾，所以有時也會成為議價的理由。這樣已經不是自己社區的問題，而是附近社區的車道問題。因此，購買預售屋的話，記得先拿全區平面圖來看看，也要把附近其他大樓的車道看一下，車道規劃也是相當重要的一環。

就風水的角度，一定聽過這樣房子就是有煞，所以最好不要買。那麼，可不可以避免呢？

2-17

Before & After ╳ 避免打掉重練，規劃或購置前多用點心

Before & After，沒那麼簡單！

很多人喜歡看房子的裝修前和裝修後，如之前很受歡迎的日本節目《全能住宅改造王》，就是抓準大家喜歡看到原本陳舊、不合時宜，或是不好用的房子，經過設計師的巧手規劃，煥然一新到令人驚訝的感受。

若是全新交屋的房子，理論上來說，Before & After 可能沒什麼好說，因為建商交出來的格局應該也是經過設計，也應該符合現代人的基本需求，至於每一個屋主想在其中濃墨重彩或是輕描淡寫，也就是豐儉由人了。可惜，有時候這樣美好的想法只是「應該」如此，並非全然皆是。

當我們討論到很多建案的格局圖（或是配置圖），不僅只是很基本的配置，而且進一步說，有些就是大概擺放一下，實際深究起來根本不好用也不實際。或是在參觀樣品屋，甚至實品屋時，也會發現有些銷售手上的格局圖跟現場的實品屋也不太一樣。

換言之，原本畫出的配置圖，還被自己發包的室內設計師再做修改。那一定是某一方要調整才對，而不是反正交屋後你自己再改就好的態度。

只牽一髮，卻動得全身

最近認識一位設計師朋友，他的專長是動線規劃，所以他和我分享了一個新成屋的個案。這是中高檔次的新建案，其中一戶的 Before & After，建商規劃的客廳，不僅沙發在樑下，而且坐在沙發，窗外的視野卻正好看到其他建築物，經過他調整改放在對面後，不僅避開樑下，還可以看到窗外的田野風光。

看似簡單的差異，好像只把沙發從左邊移到右邊，但真正移動起來卻可能要改變電視配線等等問題，本想只牽一髮，卻牽動全身，相信很多裝潢過房子的人都有類似的經驗。因此，建商的配置圖，其實相當重要。當然，有關住在次臥室的人，怎樣走到衛浴比較方便？或是主臥室的衛浴正沖到床等問題，我都覺得有時建商可能並沒有想得完整，設計師朋友很客氣地說：「感謝建商給我們發揮的空間。」

我當然聽懂他的意思，卻還是忍不住想要表達，很多更小的坪數的格局更差，購屋者不一定有預算可以請室內設計師來打掉重練，有些限制則是連設計師也沒轍，特別是給水區，例如廚房衛浴的規劃。

因此，真的應該在開始畫圖時，多用一份心，才是在房價高漲時，對購屋者最大的保護。

> 我們會發現有些格局圖跟現場的實品屋不一樣，換言之，原本畫出的配置圖，還被自己發包的室內設計師再做修改。

2-18

什麼是捷運宅？  通勤需求因地區各異！

當心，別中了銷售話術！

大家都知道青埔有三個捷運站通過，機捷A17、A18、A19，所以靠近這三個站的房子，理當就是捷運宅囉？也對，也不對。

所謂的捷運，其實只是軌道交通的一種而已，區分起來有輕軌、高架，有地面、中運量、高運量，以及郊區和市區等各種不同類型，對於房價或是生活方式的影響，其實都不一樣。

先說個笑話，那天我看到有位房仲發文，說這個物件叫「雙捷運宅」，我想哪裡來的雙捷運？原來是介於A17和A18之間。這不叫雙捷運好嗎？只是介於之間的意思，而且都離得很遠啊！

雙捷運宅是說有「交叉」的意思，有交會點的站點，肯定交通更便利，也有更多生活機能。現在桃園距離所謂的雙捷運，還有漫長時間要等待，而且在捷運版圖上，青埔沒有所謂的雙捷運。攤開目前臺北的捷運網，有超過九個的交叉點，真的在那附近才可以稱為雙捷運宅。

還有一個笑話，另一個物件寫「距離高鐵近」，我查了地點，覺得哪有可能離高鐵近呢？想不到居然是距離「高鐵軌道」近，而不是「高鐵車站」。天哪！這樣反而比較吵吧？

捷運遠近，依地區有別

說回捷運宅這件事，真正可以討論的價值，應該是到底有多近，才能叫做捷運宅？當然離站點越近越好，但這是最好的答案嗎？

這裡又要分享上海的兩個故事。一個是對岸的人比較能走路，所以在售屋網站上，挑選靠近捷運（地鐵）的距離，可以拉到一公里。不過，這種距離對我們來說，應該不算是捷運宅了，因為很難天天走得到。另外一個故事，後來上海的地鐵非常密集，密集到如果用一公里的距離來算，那麼內環內應該沒有一處不是捷運宅了。

對於我們來說，之前有某家知名的房仲公司，曾經在臺北做過定義，本來寫八百公尺，結果消費者完全不能接受，都覺得八百公尺仍是太遙遠的距離，頂多能接受五百公尺。所以他們就修改為五百公尺內，才可以稱為捷運宅。當然，這還是走路距離，可不是直線距離喔！

後來，又有資深的房仲感嘆說，其實真正的理想距離是兩百到四百公尺。回頭來說，今天我們又不是做生意，實在不用住得離車站太近，這種說法又打臉了後來流行的「捷運聯開宅」，因為真正住在

有位房仲說介於A17和A18之間的物件叫「雙捷運宅」，這並不叫雙捷運好嗎？只是介於之間的意思，而且都離很遠啊！

捷運上面，有時還很吵哩！

目前青埔只有一個A19算是共構，到站就到家的案子。但認真分析下來，機捷對青埔人來說，並不是真正的通勤軌道，大部分青埔人比較在意的其實是高鐵，也以高鐵通勤居多。這樣講起來，比起工作在機場、林口、龜山、新莊等地，真正會天天使用到捷運的，就是那些要搭往高鐵站轉車的人。因此，關於捷運宅的定義與需求，各區域之間仍有相當大的差別啊！

圖 2-18
到底要多近，才算近捷運呢？

2-19

門口可不可以放鞋子？ ╳ 好宅管理，由小看大

門口堆放雜物，上演荒謬劇

社區管理對於後面房價的支撐，或是自己住得舒服不舒服，有著極大的關係。

最近桃園市政府發布了優良社區選拔，有一個在青埔的社區獲獎，很多人在網上詢問主委：「你們用哪家物業？」主委很霸氣地回答：「跟物業沒關係，是住戶團結努力而來。」我不一定完全同意他的話，因為物業管理就是個專業，管委會就算是有所堅持，也要物業公司落實執行。

這篇要談一個我覺得非常重要，但是很多人不一定覺得重要的事情，那就是「門口可不可以放鞋子」？

有一個號稱豪宅的案子，建商還有一戶裝潢屋在賣，美侖美奐的佈置，看出來有「用心」也有「用錢」，結果對面住戶門口竟然放了一堆鞋子。

另外有的社區管理非常嚴格，連地墊也不許擺放，甚至門上還不能掛裝飾物，結果硬是有住戶門口堆放網購商品，甚至擋住一半通道，吵到物業秘書被氣哭，直接大喊不幹了。該住戶卻屢勸不聽，不只威脅管委會，甚至告訴物業：「你去告我啊，在法

院還沒宣判前，你動我的東西，我就告你侵占！」本來物業都在管委會授權下，想要先把通道上的物品搬走，立刻就縮了手。

諸如此類的案例，隨便一說就有一大堆，在舊市區裡面，大部分的通道都擺上鞋櫃，公寓房子的住戶甚至還把鞋子放滿樓梯兩側。

鞋櫃量身訂製，化不整齊為整齊

消防法規確實明定著樓電梯間不能堆放東西，一旦發生火警時，一個地墊都可能因為滑倒而造成逃生阻礙，更不要說鞋子、鞋櫃，或是一堆雜物了。

目前流行的一梯一戶，規劃成有自己專用的樓電梯間，也不是讓人把樓梯間當室內用，只是不要做得太誇張，只放可以活動的東西，至少不會讓對面或是隔壁鄰居，看著不舒服。

有的社區乾脆統一做鞋櫃，化不整齊為整齊，但是，回到現實面，一個好的格局規劃，如果能夠多出一個玄關，可能就先解決一半問題。不然真的會讓住戶「習慣性」地把門外當玄關用，順便放一下安全帽和雨傘，甚至是娃娃車，就算不是長期擺放，也會出現類似的想法：「我回家一下，中午就要出門，所以先放門口吧！」

> 有的社區管理非常嚴格，連地墊也不許擺放，甚至門上還不能掛裝飾物，結果硬是有住戶門口堆放網購商品，擋住一半通道。

這種不知道要不要像停車一樣限時的問題，所以門口就會有客人來訪，暫時放的四雙鞋子，小孩等一下要去上溜冰課的大袋子，馬上要拿去丟的垃圾等等，不一而足。

這些包括觀念、法規、公德、習慣、管理、做法，還真的不是一個容易解決的問題，期待大部分的社區都可以做到自律和利人，還給樓電梯間一個清爽乾淨的環境。

圖 2-19
管理好的社區，廊道乾淨且清爽。

2-20

快快看，慢慢買 VS. 慢慢看，快快買

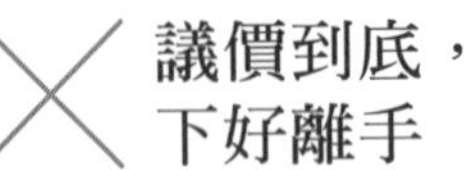

議價到底，下好離手

房市不景氣，勤看慢買

這篇想要談自住客購屋的不同策略，適用於房地產的不同階段。

在房地產不景氣的時候，也就是俗話說「比較多人看衰」的時候，例如前兩三年房價剛自一個高點下來，很少人在談論或是想要買房地產。如果你是剛有需求的自住客，請快快開始看房，這時候不管房仲或是代銷（推案也不多），一定有時間好好跟你分享。也要記得當別人說：「嗄？你在看房？就會跌了還看？」你也要不為所動，繼續看。

因為這時候的看房，有一些撐不住的屋主，就會開始把房子丟出來，或是預售想多少做一點業績，所以要很勤快地看房，證明你是真的要買。但是，要慢慢買。

「慢慢買」的意思，意思就是慢慢議價，如同擠牙膏一樣，一次談一點價，多出一點點，兩個禮拜後再回來，努力繼續看，但是只加一點點。也要在快快看的時候，多注意其他類似案件的狀況：「那間XXX只賣多少？還有隔壁社區，也開始降價，所以我不加。」這樣慢慢買。

但是，當房地產開始變得熱絡，或是說好似景氣回來的時候，用這樣的購屋方式就不太對了。

房市大熱，慢看快買

目前因為疫情的關係，這段景氣回溫是場泡沫，或是還會持續一段時間，也沒有人知道。但是房地產開始變熱是大家都知道的事情，特別是在青埔。

那麼，請大家「慢慢看快快買」，這個意思是房地產畢竟是大投資，一定要慢慢看，不可以才剛踏進銷售中心，就覺得人潮洶湧，很怕買不到，或是約房仲都沒有人理你，一直放你鴿子，就開始心急。

對青埔而言，供給量很大，不要太過擔心，一定要「慢慢看」，每一個物件都要仔細地研究清楚，不要好像不錯，很多人買，就立刻決定。

至於「快快買」，是用在議價的時候，因為景氣很熱，許多人在看房，所以我們就會發現，業者給出一個價錢，你回去考慮，兩個禮拜後，已經賣掉。再換一個其次喜歡的樓層問，再給個價錢，下個禮拜想說還是來買，結果對方想加價，叫你再換一個樓層。然後，又去看隔壁，事情重演一次，再回來這個預售案，它們說只剩下四樓或大

「慢慢買」的意思，意思就是慢慢議價，如同擠牙膏一樣，一次談一點價，多出一點點，兩個禮拜後再繼續看，但是只加一點點。

坪數。

這是目前很多私訊我的社團朋友所碰到的狀況，我已經說了可以買，又不好意思跟他說不買會後悔，因為「不買最大」，我又不是代銷，也不是房仲。

在這種時候，當你慢慢看了，或是已經很努力地看了，請記得快快買，一次議價議到底，快點下手，甚至先付個訂金都好，取得優先權，才不會喜歡的就被買走了，一直覺得很懊悔。

所以，「快快看慢慢買」和「慢慢看快快買」，真的是不同的做法喔！

圖 2-20
快看慢買和慢看快買，因應不同現況做法。

2-21

看看別人，想想自己 × 符合自身需求，就是好答案

陪看房，比房仲更像房仲？

昨天陪朋友 A 去南崁看房，一個下午就看了六個物件。

雖然請了也算認識的房仲帶看，但是朋友 A 和家人一直覺得，我比較像房仲，不僅對於路況熟悉，連屋齡、公設、物業管理、交通動線等，和有沒有外推違建、改過格局，都一語中的，而且看過幾間後，回問前面第幾間如何的時候，房仲正在翻資料，我就直接憑記憶回答了。

總結南崁的房子，真的不甚理想，在預算有限的狀況下，搜出來的都是屋齡二十到二十五年，朋友 A 想要用來養老，我忍不住說，以平均壽命來看，你恐怕還要換屋。

此外，南崁也是非常擁擠，人車都多，養老的話，出來只能去國中、國小散步，不管溪邊還是山邊，都要另外有交通工具，往後要去臺北只能搭客運，機捷又在很遠要接駁的地方。只是生活機能當然好像很方便，吃的、買的、用的，都在樓下，不管上南崁還是下南崁。

當初朋友 A 選南崁，因為有其他親友住在附近，重點還是預算，如果只能負擔五百多萬的房價，又想有兩房，在青埔已經

是不可能，南崁的新房子，更是高不可攀。看完這幾個物件，沒有出現令人滿意的結果，也相約下次繼續。但是，下一站當然就往青埔來了。

與其東聽西說，符合需求才是真好

另一位朋友Ｂ說：「當然買青埔區外囉！」我自己住在這裡三年，非常好！於是，我和朋友Ａ就去了青埔區外的那個社區。

住在這裡的朋友Ｂ說：「這個社區入住率很高，而且你看離A19這麼近，一坪差十萬，幹嘛要買區內？又沒差。我們這裡都漲價了，還沒有人要賣，我對面一樓買六百一十萬，上個月賣七百三十萬耶！」

聽到這裡，我笑笑沒接話。其實，對於自住來說，還是自己機能的選擇，本想買南崁的朋友Ａ，一方面夫妻都還要上班，只是孩子大了，想要有另外一個空間，生活可以多一點變化，又為退休做準備，假使突然買到青埔區外，那跟現在住在雙北比起來，相差真的很大。

目前住在喜事社區的朋友Ｂ，南部鄉下公單位退休，搬來這裡覺得生活很方便，孩子則在桃園工作，來往又近。我常說，一個要出手幾百萬或是上千萬的事情，與其聽別人東說西說、哪裡好或不好，符合自己的需求，就是最好的答案。

如果只能負擔五百多萬的房價，又想有兩房，在青埔已經是不可能，南崁的新房子，更是高不可攀。

2-22

議價的三原則 ╳ 指定好價、不用嫌棄、勤做功課

議價新原則，先指定好價

房地產議價是件大事，意思就是接近買賣的實際層面，所以大家都很慎重，而且數字動輒都是幾萬元，或是幾十萬、幾百萬的差距。

很多人都說，就是要讓對方覺得你可買可不買，所以才不會被咬定不能議價，不過我還是不能完全認同這句話。

如果是老市區，好不容易等到一個物件，就在你娘家旁邊，附近三百公尺內都沒有新大樓，然後樓層又不錯，還有剛好可以用的裝潢，那麼還議什麼價？快點搶下來就對了，因為選擇很少。

像青埔這樣的重劃區則正好相反，類似物件相對真的很多，看你要不要用心找、用心比較。只要願意來青埔，哪有不多看幾個案子，又怎麼知道自己其實很有選擇權呢？

首先，我提出第一個議價新原則：指定好價。不管是房仲還是代銷，可以告訴對方：「我就是要買青埔，不是買你就是買他，所以請給我一個好價錢。」而不是用傳統的做法：「青埔我也還沒決定啦！可能去內壢或是林口啊！」反而讓對方覺得：「你真的有要買青埔嗎？你要買青埔再說吧！」曾經因為這樣的表態，

我幫朋友議到比較好的價錢。

不用嫌棄，勤做功課

第二個新原則：不要用嫌棄方式議價。傳統的做法就是：「四樓很爛啦！你們公設陽春、樓梯間很窄！有一間房間太小，開門對著窗戶……。」反正就給它嫌棄到底，一路嫌、一路想殺價。其實，對於自住客來說，真的在意就不要買，否則嫌來嫌去還下單，然後自己永遠記得那些發掘出來的缺點，然後還要住進去。當時議價的房仲代銷，早就不知去哪個案子發財了，只剩你住在自己嫌棄的屋子裡，還沾沾自喜覺得議了好價，其實不是挺聰明的做法。

第三個新原則：勤做功課。喜歡的房子，自己做功課決定，不要問完路人甲後，又去跟網路上的不明人士比較，純粹浪費時間，又傷心傷腦。

有人曾在社群問我：「青埔一坪多少？」有一坪三十六萬，也有一坪二十六萬，那要怎樣比？樓高不同，社區正面背面不同，靠近哪一個捷運站也不同，怎可一概而論？最怕在議價過程中，隨便一個人說：「這太貴了，那個誰誰誰才買XX，或是其實XX就可以買到青埔。」結果仔細問起來，發現是拿區外比區內、小馬路小社區比大馬路大社

自己做功課決定，不要問完路人甲後，又去跟網路上的不明人士比較，純粹浪費時間，又傷心傷腦。

區，或是去年前年比現在。

總之，議價當然是要議，但是有聰明和不聰明的議法。進一步說，每次我看有人說：「那個代銷很跩，那個房仲很皮，所以不想跟他們買。」這個說法在買任何商品時都是對的，除了房子。

在你擁有這個漫長的資產時間軸中，他們真的是不重要的點，一定可以找到願意服務你，幫你找到好物件的房地產業者。

螺旋式議價法，可以皆大歡喜？

對於議價這件事情，個人跟一些名嘴的觀點可能較為不同。當然，買的人希望買低，賣的人希望賣高，所以好像是個無解題。

加上房仲的服務是依照成交價趴數收費，因此在夾縫中的房仲行業，對於議價非常為難，這就形成買賣雙方對於議價這件事，基本上是互不信任的角色。就算是跟建商買，也牽涉到代銷公司或樓盤是頭還是尾的差異，對方說出的價錢，也是讓買方覺得心裡不踏實。

自從開始寫「羅姐談好房」專欄之後，經常也有人私訊：「請問羅姐，這個建案多少可以買到？」或是問我：「這時應該開多少？」總之謝謝大家的抬愛，我沒有那麼神，這種像算命一樣的問題，真的沒有答案。那麼，我想要分享的是什麼呢？

首先，你要求的條件越多，越難議價。例如，我就是要八樓，那當然要八樓的人很多，除非景氣太差，否則建商為何要賣你低價呢？如果你是什麼樓層都好，大刀一砍，可能還真給你買到該社區低價的物件了。

所以，我會建議用「螺旋式議價法」，先從銷售中心挑出至少三個物件，假設A5-7樓，B3-4樓，C1-14樓，先講說A棟應該比C棟好，所以我要C可以比A一坪便宜多少？再說四樓是否應該比高樓層便宜？這樣一個物件、一個物件往下談價，先談單價，再談總價去尾數。

然後停車位可以從B1一路降到B3，價格往下，議不下去就往上升，既然不能降了，那給我個B2車位，這樣多少可以有機會談到好一點的價錢。但是，千萬別認為會是最低價，真有所謂最低價，應該也輪不到自住客。只要把目標訂為合理或是稍微優惠即可。

現在有很多建案，標榜不二價。一次把價格攤開來給你看。或許這種方式不一定有效，但是可以也趁機幫自己想清楚，選這戶可能多十萬，你在意嗎？選那戶可以少十五萬，你又接受嗎？

條件說清楚，不玩猜謎

至於中古屋，我最不贊成有人說的要「擺出一副要買不買」的姿態，因為我們是自住，不把需求條件說明白、講清楚，以為自己很神祕：「我們就看看，預算不一定，幾房也可以，新舊不拘。」結果浪費大家時間，你還會嫌棄房仲怎麼就猜不透你的心。

說得更明白一點，絕大多數的房仲在競爭激烈市場可以存活，都有他們不同的專業，可以懂得怎樣利用他們的專業為你服務，幫你找到心目中的房子。

最後有一段話，分享給目前在青埔想要賣屋的屋主，青埔經過多年沉潛，好像突然得到很多關注，其實那些是商業地產的焦點，不一定可以轉換成房價。

只是看房的人變多了，買房的人變多了，以前可能十間房子，只有五個人看房，兩個成交；現在是十二間房子（因為很多人看市況好，就拿出來賣，加上新房子不斷推出），九個人看房，五個人成交，從看房、買房都增加一倍，已經非常驚人。殊不知，青埔還有很多待售物件，如果當初買得不夠好，也絕對不是隨便以高價賣，就會有買主的！

圖 2-22
條件說清楚，更能順利找到心目中好房。

2-23

講究與將就的打臉文 ╳ 沒有十全十美的房子，只有曲折的取捨

想講究，就不可將就

這是一篇打臉文，打誰的臉，當然是自己的。

我對於「客廳不採光」這件事，就算不是深惡痛絕，至少也義正嚴詞地寫過「實在不是好格局」這種評語。結果前天陪著一位好朋友，花了整天最後還是買了一個客廳不採光的房子。

回到家後，我先生開玩笑說：「妳不用懺悔嗎？上次寫文把人家批評一番，結果妳自己跑去做同樣的事。」深刻檢討兩天，決定要很誠懇地寫這篇打臉文。

說是打臉，其實是要提出一個概念，就是「講究」與「將就」的不同。就房子來說，每一個人講究的地方不一樣，有人非這個地點不買，有人一定要衛浴開窗，有人一定要前陽台，有人喜歡在家做飯，非要大廚房不可。只要自己講究的地方很明確地堅持，那就是對的事，畢竟房子是自己要住，想要講究的地方，就不可以將就。

反過來說，覺得可以將就的地方，例如：我很少開伙，所以廚房隨便就好；我衣物不多，臥室放得下床就可以；我家根本沒有客人，也不會有家人來，所以客廳沒有足夠空間，或是沒採光，

當然也可以接受。

這就是說，沒有十全十美的房子，就買房子的人來說，只能盡量挑出好房，很難找到完全沒缺點的物件，更何況你覺得的缺點，搞不好有人覺得是優點呢！

願意將就，則真心接受

這樣說的話，似乎就沒有標準可言？也就是賣屋者的話術，每次都告訴你說，其實這樣沒關係，也都對嗎？

當然不是，還是要彙整一下我的原意，對於買房子的人來說，要能分出自己的講究與將就，必須在各方條件下找出自己願意買的房子，而不是只會說：「那沒辦法啊，就是錢不夠啊！」然後讓自己住進去後一直覺得：「如果怎樣怎樣的話，那就更好之類！」豈不是和自己的生活過不去？

對於規劃房子的人來說，在諸多條件下，要非常努力地找出更好的方式，不要只想說「反正便宜就有人買」，或是「市面上大家都這樣做，沒有關係」，而把自己的標準沒有極限地拉低，真的很可惜。

最後，補充幾個不得已的小撇步，如果真的買到（或是只能買到）

只要自己講究的地方很明確地堅持，那就是對的事，畢竟房子是要自己住，想要講究的地方，就不可以將就。

這樣的房子，首先在燈光上，要能夠進門自動感光，或是有辦法立刻開燈，使得進門處的光線容易取得。其次，臥房的房門，如果只有少少人口，一至兩位居住，在不影響隱私的狀況下，其實可以採取霧面鏤空或是一些特殊設計，使得進門處有機會借到光線。還有，這樣的房型，廚房或是後陽台多少也會有光線，也是可以借光的方向。

圖 2-23
想講究，就不可將就；願意將就，則真心接受。

2-24

買房是個數學題？ ╳ 相乘理論、同心圓理論和林林總總

買房看緣分，其實是數學問題

很多人都說，買房要看緣分啦！或是買房要靠感覺啦！我寫了上百篇跟好房有關的議題，這裡特別提出「買房其實是個數學題」，意思就是二加二就等於四，它不會是別的數字。

先從所謂「相乘理論」說起，例如買房預算是一千萬，若是一坪四十萬，就只能買二十五坪。反過來說，若是一坪二十五萬，就可以買到四十坪。所以確定理解了相乘理論以後，就可以來看「同心圓理論」。

在相同價位上，畫出一個同心圓，以全臺灣最核心精華地區，例如臺北市信義區或是大安區，往外一坪二十五萬的地方有哪裡，圈一下，可能會得到一個外環的圓。所以相同總價或是相同單價的地方，則會拿來互相比較，例如我們會說：「一坪二十五，那還不如買XX，或是你要買XX，不如買○○。」大概都是同心圓理論下的對話。

數學不會變心，格局規劃要看清

有個笑話這麼說，兄弟會背叛，女人會變心，只有數學不會，

因為數學不會就是不會。

除了總價和單價的數學題，我要說一個很殘酷的格局規劃數學題，一個房間，大約要三坪，乘以二，主臥大概要五坪，衛浴最小則要一坪半（沒有浴缸），乘以二。廚房一字型就好，也要兩坪，客廳加上餐廳（加玄關）最小也要八坪。陽台只有一個就好，一坪就好，勉強放下洗衣機。

因此，真正可以稱為三房兩廳的格局，室內沒有二十五坪，是畫不出來的。

以現在公設比百分之三十三來說，倒著算回去就是三十七坪多。換言之，少於三十七坪的三房兩廳，肯定有問題，不是少了A，就是少了B，或是其實只是二加一房。

依此類推，兩房也是一樣，通常都會告訴你，這樣也可以用，或是我們建築師和設計師比較厲害云云，實際上一定要多比較多研究，或是一定要至少在樣品屋裡面搞清楚，特別是所謂首購，千萬別看一個平面圖就下定。

> 有個笑話這麼說，兄弟會背叛，女人會變心，只有數學不會，因為數學不會就是不會。

2-25

看燈的眉角 X 房屋外觀也能裝氣質

住辦合一，燈光平面而單一

我看燈，不是看入住率，而是看裝潢風格，也就是裝潢程度。

我看這個大樓社區黃光和白光的比例，基本上居家用燈，以黃光為主，辦公室才是白光為主。所以有些中古大樓，常常有一些空間拿來當住辦，大多用日光燈，流明天花板之類的裝潢，因此呈現出的燈光平面而單一。

如果一棟大樓，多數是這樣的燈光，就要做好因住辦合一，而造成出入比較複雜的心理準備。

此外，客廳用白色光線，可能是年齡層偏高，覺得就是白色單一光線才夠亮。另一種也可能是直接拿來當出租房，用一些簡單吸頂燈就夠了。

所以，黃色光源多的社區，大多屬於經過設計裝潢過的房子，或是說，真正自用的住戶也會比較多。

間接照明，呈現時尚感

如果觀察的距離近一點，或是低一點樓層，可以看到天花板的光源，間接照明多，也是比較現代的做法。

或是光源比較多樣，有立燈或是崁燈等多種光源的房子，通常住戶對於這個房子是比較用心且在意，也就比較有機會碰到同樣跟你在意房子及居住品質的鄰居。

當然，青埔大多是新大樓，而且年輕人不少，基本上使用燈光都不錯，也看得出來用心及時尚，透過具體的一些觀察，整體看起來就是一棟有氣質的建築物。（圖 2-25）所以，只要用心地觀察，哪個社區住戶比較整齊，真的看燈就知道。

圖 2-25
燈光打得唯美，盡顯建築物的氣質。

評估大樓社區黃光和白光的比例，基本上居家用燈，以黃光為主，辦公室才是白光為主。

2-26

什麼方位是好房？╳ 關鍵在座向和光源

看地址，知座向

你可能以為要談風水，還是命盤？每一個人適合的方位都一樣嗎？答案當然不是。我所謂的方位，是以客廳落地窗面向的方位為主（有些風水說法不同，但以這個判斷方式為大宗）。

以青埔的三條大路為例，高鐵北、領航北和領航南，是從東北貫穿到西南，所以，青埔的房子大多是朝西北和東南，或是東北和西南的，比較少正北、正南之類。

如果自己有特定的方位比較適合，那先來看大方向，才容易找到好房。舉例來說，自己要找南北向，以面對馬路來說，臺北市就要找橫的路，例如：忠孝、仁愛、信義、和平，當然房子都是南北向，進了巷子就變成東西向。所以我只要看地址，大概就知道座向，不用打去問房仲。

朝向方位，日照是重點

回到青埔，既然馬路是這樣，要找南北向就很難。仔細看地圖，領航南路只有在全聯附近才轉成南北向，所以那邊的社區，面朝馬路的就變成南北向。

我重視朝向的原因不是風水，而是陽光，只要住過上海、杭州之類的地方，就知道朝南的房子是唯一選擇，也都盡量把房子蓋成南北向，以便爭取最大日照機會。但是回到臺灣，特別是青埔，假使日照不是重點的話，那什麼才是好方位？

對青埔來說，配合大馬路的先天因素，朝東南是最好的方位，有陽光、不西曬，又沒有大風。因為青埔比較空曠，東北季風一來，不僅朝東北的房子較冷，而且受風面大，有的地方連落地窗都打不開。此外，朝西的房子，也因為棟距大，可能要有從中午十二點，一直曬到晚上六點半，太陽從接近海平面落下為止的心理準備。這些都是在市區買房，可能沒有考慮到的細節。

如果自己有特定的方位比較適合，那先來看大方向，才容易找到好房。

2-27

青埔的裝潢好房 × 實品屋和中古屋，差很大！

百萬裝潢，大多無用或無效？

講到買中古屋，肯定大家都見過那種號稱百萬裝潢，結果一看就是二十年前的風格，實在找不出要保留的理由，最後只好打掉重練。因此，所謂有裝潢的物件，基本上絕大多數都是無用或無效。

以青埔為例，這裡算是一個很新的重劃區，就算是買中古屋，卻經常看到「從來沒住過人」的房子，一放三、五年，甚至七、八年也有，真是不可思議。不管是地主戶，還是投資客，這樣的原始空屋狀況的中古屋，在青埔可說比比皆是。

有人住過而丟出銷售的物件，也有很高比例是租客搬走，或是當初自己簡單佈置一下就使用，而沒有經過裝潢，感覺起來並沒有打算在青埔長治久安的意思。

最近突然在中古屋市場裡發現有幾間精美裝潢，又屬於自住型，而不是把建商裝潢實品屋拿出來銷售的案子，就順便分析一下裝潢屋吧！

建商在銷售房子的過程中，經常需要裝修一間實品屋，以便傳遞給購屋者一個佈置之後很精美的感覺。以往大家都會說，千萬別買這種房子，因為只有美，而且一點都不實用。

但是在競爭激烈的時候，很多實品屋也會告知是哪位室內設計師所做，甚至還負責售後服務，再者還可以帶裝潢加到餘屋上，以增加總價，使裝潢費用也加入房貸中，對於很多沒有裝潢預算的消費者而言，也是一個不錯的選擇。

入手實品屋，省時又省事

我有一個朋友，當年從中國大陸搬回臺灣，就是接買裝潢好的實品屋居住，事後覺得還真省時省事，所有品質都看得到。

對於銷售中古屋附帶裝潢，究竟是不是加分？也可以用類似的角度思考，意思就是自己有沒有覺得喜歡跟實用？特別是比較新的屋齡，裝潢肯定也沒有很久，如果不喜歡，就要打掉重練，那不如去找空屋，以青埔而言，目前這樣的供給相當充足。

若是發現屋主的裝潢風格，自己可以接受，那麼不妨看得仔細一點，因為既然屋主自住，用材、用料肯定也會不錯，正好可以圖個方便，接收使用，應該比自己全部重頭做起要經濟一些。只不過，既然要來認定「裝潢有價」，那麼屋主或是建商可以提供這間屋子，越多相關廠商及使用材質的記錄和憑證，自然就更好一些。

> 很多實品屋會告知是哪家室內設計師所做，甚至還負責售後服務，再者還可以帶裝潢加到餘屋上，以增加總價……。

PART 3

複製成功

區域熱點、熱案、熱線，一路熱到家！

複製成功經驗例證涵蓋桃園其他「熱區」，例如：大園、大竹、中壢、蘆竹、南崁、過嶺、中路、藝文特區等，甚至遠及內壢，八德和大溪；擴及全臺重劃區、高鐵特區，包括竹北，臺中和即將首推高鐵大案的臺南；再一路向北，「熱線」延伸至臺北內湖、蛋黃區、新北林口、新店等，讓人直通到家。

3-1

青埔到底好在哪裡？ ╳ 國家級重劃區勝出關鍵

青埔到臺北，只要十九分鐘？

長年擔任臉書社團「我是青埔人」的版主，一直想著該怎麼跟別人說青埔好在哪裡？因此，在二〇二〇年初開了「我是青埔人好房」，分享青埔的房子。

最常聽到大家對青埔的看法，不外乎佔地遼闊、空氣清新，再加上是重劃區，所以新房子比較多、街廓整齊、綠地公園多等等，這裡就不再贅述。

這篇想要跟大家分享一些比較少人提到的觀點：首先，青埔是絕無僅有的重劃區。許多房地產市場會將青埔重劃區與其他重劃區放在一起比較，但青埔的特別之處在於它是國家級重劃區，而A7、八德、五股、新莊、新店等則是地方級的重劃區。

此外，我認為青埔擁有全國最棒的高鐵特區，附近不僅有捷運，甚至離桃園國際機場超級近，可以從高鐵的起點南港站一路數到終點左營站，很少有一站有這樣的條件與發展。再來，我認為青埔是全桃園離臺北最近的地方。對！你沒有看錯，它有只要十九分鐘就可以抵達臺北市中心的高鐵，也有直捷聯通臺北核心區，沒有經過其他交流道的五楊高架。所以，我寧可住在青埔，也不住在其他看似離臺北市很近，但交通時間卻可能更久的區域。

前幾天看到一篇報導，因為新冠肺炎疫情，許多臺商被「困」在臺灣，因而在臺灣買房，而他們的首選就是青埔。許多網友紛紛吐槽這篇報導，說是建商和房仲「自嗨」，但這些事情都是真的，畢竟若不是疫情關係，這些臺商們也不會長期待在臺灣，趁機在這裡買房當住所是可以理解的事，再加上以後還是需要常常飛出國門，因此選擇離機場最近、最方便的青埔。

圖 3-1
開闊的視野，是青埔的大利多。

我寧可住在青埔，也不住在其他看似離臺北市很近，但交通時間卻可能更久的區域。

3-2

青埔一批特別的房子 ╳ 容易被忽略的好地方！

絕版大中庭，只有元老社區才有

青埔的開發至今已經有二十年了，但在十年前左右，不論是開車經過，或是在Google地圖和衛星圖上，一眼望去，青埔仍是一片空白，僅有幾個原有的老社區，以及一些原地主新蓋的透天厝。真正所謂的建案，只有少少幾個陸續完工。

直到最近幾年，青埔開始發展時，這幾個社區彷彿被流通市場遺忘，主要是因為坪數大，導致總價看起來高，但只看單價的話，價格其實是非常低，經過二〇二〇年下半年的一大波漲幅，還可以落在一坪二十三至二十五萬左右，價格算是相當實惠。

再者，許多購屋者認為既然要住在青埔，就是看新不看舊，因而導致這幾個社區的建案流動不快。

事實上，我一直覺得這幾個地方很棒，因為是在最初期就建設的社區，因此每一個社區都有幾乎絕版的超大中庭，其他的公設，像是迴車道、後陽台，甚至是電梯間，都有著不小的坪數，更神奇的還有透明電梯，進出家門時，可以直接欣賞中庭的花園景觀呢！

談到這裡，大家應該已經猜到我要說哪幾個社區了，就是宜誠建設的早期建案、城市遠見、勳章等社區，大多集中在機場捷運A17附近，樓層雖然都不高，但中庭的大小真的很驚人，因此相對棟距就很寬闊。

性價比高，錯過會後悔！

有次，朋友想要看青埔的房子，便拜託我帶他去看房。雖然我不是房仲，但是認識我的房仲朋友都知道，我會把地圖帶上先向朋友做介紹，想要認識青埔就要先知道環境。也發現這樣的社區對於從國外想要搬回臺灣的自住客，似乎特別具有吸引力，就是因為真的很開闊。

講回這些社區本身，最近青埔突然變成熱門話題，聽說已經有不少投資客開始收購這幾個社區的房子，但這篇我們不提投資課題，只想提出因為這幾個稀有的社區，非常適合想要大坪數，或是家庭人口數比較多的購屋者，正四房的格局性價比很高，不要因為它已經有了十年屋齡，就跳過不看。

在雙北，甚至南崁和桃園中壢舊市區，十年還算是新屋，只是在青埔因為新屋太多，老是把它們歸為「比較舊」的社區，不免有點可惜。一不小心，可能就此錯過好房了！

每個社區都有幾乎絕版的超大中庭，其他的公設，像是迴車道、後陽台，甚至是電梯間，都有著不小的坪數，更神奇的還有透明電梯呢！

3-3

在青埔，你住靠近哪一站？ ╳ 唯有自己走看量測才準確！

親測距離，原來沒有想像中那麼近！

如果要租或買房子，房仲或親友一定會先問你：「你想要靠近哪一站？」或是看到網路上有人發文：「我想買A18附近，工作要靠高鐵通勤，但不想再轉一趟捷運，請大家推薦。」因為發文者的預算限制，所以有人推薦位在青溪路青松街口的一個預售案。然而，實際測量一下，這個地點比起A19或A17來說，距離高鐵站反而更遠。

我們打開地圖（圖3-3）看看，青埔的形狀像是一顆鑽石，被A17至A19等三站捷運機場線貫穿，下方有一個呈現三角形的尖角。當你從高鐵站往A17、A19，或是三角形最尖角那端走，三條路線應該是差不多的距離。

這樣一來，當我們把青埔分成A17、A18、A19三區時，就會出現前面發文者的問題了，若是這些街道一定要屬於某一區時，那最下方三角地帶的青埔一街到十街自然一定要被分到屬於A18了，而另一側看起來似乎不遠，但真要算起來，距離也都不近。

當建案紛紛要選邊站時，也會給人一種：「啊？哪有那麼近啊？」以為建商在唬爛。例如：竹風青田靠近哪一站？成家大璽呢？太子馥三呢？以上這些建案似乎都在兩個站的等距位置。

若是硬要選一個比較靠近的站，不管是當初的建商還是代銷，或是現在的房仲，都會先選對自己比較有利的話術，那麼靠近A18似乎是比較好的說法，既靠近高鐵，又有華泰名品城，這樣一來，只要距離不是太過離譜，大家都會說靠近A18，因此會感覺這一站的建案特別多。

然而，事實正好相反，因為高鐵前方是高鐵站前專用區，目前還沒有任何案件跟規劃，只用來舉辦跨年演唱會。後面緊鄰的華泰名品城更是幅員遼闊。住宅社區若是想要靠近A18，還真的靠不太起來。大家可以使用Google地圖搜尋聯上世界與A18站的距離，看看需要步行多久？更不用提號稱是「高鐵第一排」的力璞棧這個建案了。

總之，真正自住的房子，一定要親自走走看、測測看，或是開車、騎車評估距離，才會知道自己正在看的社區，離哪一個生活圈比較近。當然，直線距離、目測距離，跟實際行進距離又不一樣。

青埔公十公園旁邊的「興富發」預售案即將開賣，據說要挑戰四字頭價位，距離A18肯定很近，因為中間沒有遮擋，所以很容易看見彼此，但真的很近嗎？有空時，自己親自走一趟吧！

使用Google地圖搜尋聯上世界與A18站的距離，看看需要步行多久？更不用提號稱是「高鐵第一排」的力璞棧了。

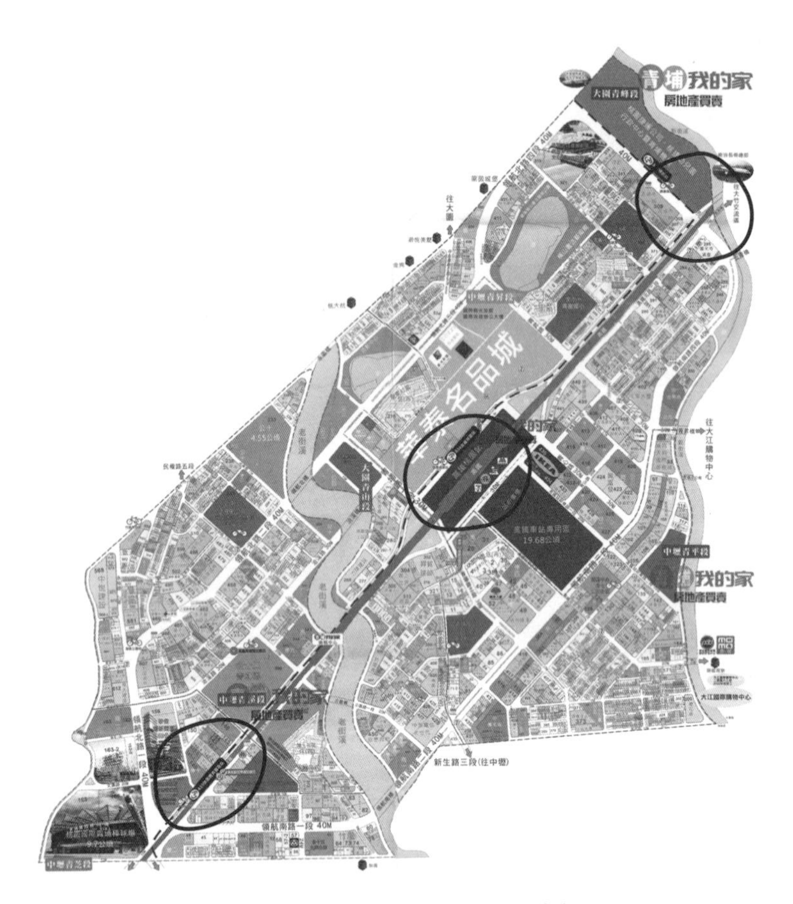

圖 3-3 青埔區地圖（翻拍自「青埔我的家」文宣）

3-4

「豪」不「豪」就看它 × 檔次跳升，與時俱進

入住中悅，擠入豪門指標

看到這個標題，應該就知道這篇要說的是哪家建設公司。

對桃園人來說，中悅真的是豪宅的代表，它蓋過的豪宅不計其數，二十幾年來，不斷刷新大家對於豪宅的認知，當然，也翻新價位的認知。

我很少專門評論某一家建設公司或是某一個建案，因為希望討論的是一個主題，而非個案。因此，用這樣的標題，也只是想要藉由中悅來探討一下，怎樣才算是「豪宅」？

中悅在青埔的指標大案一直是充滿話題，經過買地、再跟隔壁買地、基地整合、重改設計，再到真正動土等過程，目前看來應該已經全部底定。兩棟雙拼大樓，每戶一百二十坪起跳，在三千多坪的地基上，建築物本體只用了五百多坪，四周預留的腹地相當遼闊。而且據說外觀顛覆了原有中悅的古典風格，在某種程度上來說，或許代表中悅將跳升到另外一個層次。因此，業內業外都非常關心這個建案的各種訊息。

任何一個重要的建案在青埔推出，都會影響青埔的地貌和天際線，何況是中悅。很多房地產業者，都覺得中悅在青埔原有的

兩個建案風格，相當不「中悅」，其中柏軒是中悅目前單戶坪數最小的，另外的八京，除了地點絕佳外，跟中悅其他地方的建案相比較，受限於基地大小，好像也不算太「豪」。

不只坪數大，公設和物業管理才是重點

這次受邀參加中悅動土典禮之前，我先看了八京。過去因為各種因素去過幾次這個社區，此次經過導覽介紹，才發現其「豪」的程度，或許不輸中悅任何建案。其實所謂豪宅，當然在規劃、建材、結構，甚至格局、配置、公設上，都要與時俱進。

像豪宅聚集的臺北精華區，有很多老豪宅，固然保存得很好，地點也無可取代，但是畢竟還是舊了，所以當時中悅就靠著在桃園蓋豪宅，一舉在業界稱霸，因而吸引非常多資產雄厚的購屋者，搬遷到南崁，接著又繼續進入藝文特區。對於桃園當地的購屋者，更是把「住在中悅」當成為擠身豪門的指標，很多後起的建設公司，也把向中悅看齊當成目標。

我認為，光是坪數大，絕對不是豪宅的唯一重點。除了坪數要大之外，在公設上要更加用心，才能夠把公設——特別是大廳，設計成既

坪數已經不是現在豪宅的重點，公共建設不只與時俱進，也要耐用、耐看，以及物業管理也要經得起考驗。

耐用、耐看，又能夠凸顯豪氣，也絕對不是件簡單的事。最後，在物業管理上，更是要能經得起挑戰。我曾經在不只一棟豪宅建案內，看到住戶在門口擺放鞋、擺放佛像、停靠腳踏車，或是車位後面亂放雜物，這樣一來就和一般公寓的管理沒什麼區別。

中悅等級的豪宅，不是一般購屋者可以選擇的標的，但是它在青埔，還是會變成一個定錨或是象徵。很開心中悅把這樣的重頭戲放在青埔，對青埔發展可說具有指標性的意義。

中悅還在青埔高鐵站前，推出一個時尚ＩＴＣ商貿大樓的頂級豪辦，不僅是豪宅有中悅，豪辦也是中悅。「豪」不「豪」，真的就是看它表現囉！

圖 3-4
坪數之外，公設和物業管理才是豪宅的重點。

3-5

港味十足的青埔房 ╳ 不容小覷，單價直追豪宅的異類

十年保固引話題，格局精煉不侷促

站前廣場附近是青埔的核心區，除了已經完銷的新京站之外，還有一個社區也有十足話題性。我說它是一個「港味十足」的房子，這個「港」，當然是指香港啦，不是南港或是北港（冷）！

記得剛開始推出時，它的話題就一直不斷。首先，標榜十年的漏水保固、七年的設備保固，售後服務幾乎超過了目前所有建案，大部分建案都只願意保固兩年，所以「這棟房子一定蓋得比較好」成為大家對此建案的第一印象。

其次，因為位置很好，成為當時附近唯一明顯的地標建築。

這棟建築的外觀設計，的確跟臺灣的住宅大樓有些不同，還記得當初一拆除鷹架之後，建築外觀映入大家的視野裡，馬上就有人將此社區照片分享到「我是青埔人」社團，底下便有許多留言表示：「哇！好像香港公屋。」（公屋類似我們的國宅）再加上是香港建商來臺投資的建案，說它是港味十足也算是貼切。住在青埔的香港朋友不少，看見這種建築會不會產生親切感？

事實上，香港建築方式是採「板式結構」，而臺灣住宅則是「樑柱結構」，光是從結構上來說就相差甚遠，最多就是顏色用

料比較豐富，這一點比較雷同吧！

這個建案話題之所以久久不斷，還有一個原因是因為「貴」。以當時房價還沒有上漲的青埔來說，三十幾坪的房子，單價追上有豪宅之稱的中悅系列，也算是異數。

我認為它的樓層配置比較特別，可以說一層有十戶，但其實是兩個不同結構，一棟五戶兩部電梯，另一棟也是兩部電梯五戶，只是這兩棟相連，只要幾步路就能到達，所以也可以說一層有四部電梯可以使用，倒也不算太擁擠。

除了外觀設計之外，室內實際面積也很「香港」，意思指的是都小小的——小小的客廳、小小的房間，格局很精煉，雖然不侷促，但是家裡東西還是越少越好。最後，我們來看一下設計感十足的地下室停車場吧！牆面用簡單大面積色塊，加上有設計感的標示，停車場反而更能充分展現香港味道。

在青埔的住宅大樓百花齊放下，這個社區還是極為搶眼！

「這棟房子一定蓋得比較好！」這是大家對此建案的第一印象，標榜十年的漏水保固、七年的設備保固，售後服務年限幾乎超過了目前所有建案。

3-6

在空曠地方，選擇侷促的房？ ╳ 找一個宜居、適居的好屋

有限條件下，建造宜居好房

全世界人口密集度的排名，臺灣經常是榜上有名，儘管我們不像香港如同住在鴿子籠那麼誇張，但在老舊市區的房子，經常是「前心貼後背」，打開大門之前，還要看看有沒有鄰居剛好要出入，避免大門打架，甚至近到可以知道別人家正在看哪一個節目，這些場景相信許多人都曾經歷過或可以想像得出來。

但是，許多人選擇搬到青埔居住，就是不想要再經歷市中心的擁擠，為什麼還要選一個這麼侷促的房子呢？說到這裡，可能就有人會罵我是晉惠帝：「羅姐，妳簡直是『何不食肉糜』啊！誰不想要大門大戶？但我們就是買不起啊！」

大家先別激動，我一直強調的是，建商和建築師能不能在有限的條件下，創造出最宜居的規劃及格局呢？注意喔！我說的是「宜居」，不是塞進最多坪數，可惜，有時答案是否定的。因為不是要自己住，所以，往往會變成先規劃再說，等到蓋好之後，若是賣不掉就降價，反正沒有賣不掉的房子，只有賣不掉的價錢，並安慰自己：「一個建案總有好賣、不好賣的戶型，沒差！」

塞得滿滿，住得舒服？

最近社團內有人發問：「一間新成屋為何很多人轉賣？」大致擺脫不了投資客之類的答案。我認為投資客還是有分成大咖小咖，投資經驗有深有淺，所以有人可能賺得多或是賺得少，但這些都比不上沒有真的用心規劃格局的建築師，來得令人無言。

最近有好幾個已經完工，或是即將完工的青埔建案，紛紛投入新成屋市場。我想，還有很多類似的狀況會在未來繼續出現。

這幾個建案都有相似的地方——明明在很空曠的土地上，卻規劃成侷促的房型，使每一層戶數很多。例如一層採取九宮格的規劃，除了梯間在正中間之外，正好八個方位塞得滿滿當當，當中還有兩戶是L型的房型，甚至有兩戶的客廳完全不採光，真的很奇怪。

這個建案的三棟格局都長得一樣，每一層就有四戶瘦肉（比較好賣）、四戶肥肉（有缺點不好賣），居然好的只有一半，這也真的把自我標準放太低了吧？

有時把格局圖仔細看一下，就知道我說的重點在哪裡。平面圖上看看還好，真的住進去了，應該會覺得很難受吧？一整個社區，若是有一大半的戶數是這種勉強型的格局，還可以有好的風水嗎？

我一直強調的是，建商和建築師能不能在有限的條件下，創造出最宜居的好規劃格局呢？可惜，有時答案是否定。

3-7

青埔建地無解題 × 建地劃分難辭其咎

零碎建地，建造審美落差的透天厝

接著我們來談談「建地」，這好像屬於建商的事情？其實在青埔，有很多小建地在販售。你現在是不是在想戶頭還有多少錢，如果預算足夠就買個地來自己蓋房子住，實現日本有名的實境節目《全能住宅改造王》的理想家園？

可惜啊！在研究之後，可能要學《後宮甄嬛傳》的皇后，喊一下：「臣妾做不到啊！」

青埔整塊區域的開發，大概要回推至少二十年，當時的住宅環境或是地主補償條件不是很清楚，這些土地被切割成三十坪為一單位的建地，又窄又長，分到地的原地主，可以蓋一棟每層約十五坪的四樓透天，前面還有可以停車的位置。

每一層約十五坪，大概是一樓客、餐廳，二樓、三樓分為前後各兩個房間，四樓有個神明廳的格局。

這種格局在當年尚可接受，或者鄉下透天厝都還是這副模樣，但時代的滾輪不會靜止，窄窄的透天厝，不僅不好用，看起來又不美觀，對現代人來說，這樣的建築物已經不是可以放進參考的選項了。

經過多年幾番的建商買地整合，青埔的建地更是支離破碎。在希望建商整體開發以便讓整條街廓整齊漂亮，又覺得透天住宅有特殊性及多元化必要的矛盾之下，青埔目前仍有很多這種因為年代與品味落差，沒有什麼設計感的透天厝。

缺乏前瞻性，空留遺憾

青埔剩下一些在夾縫中的建地，面寬都不大，深度卻有三十三公尺，真的是窄窄的一條。

有幾個在青埔較為有名的建地整合個案，例如在A19附近，有塊拉高價錢也不肯賣給建商的某地，現在變成賣也賣不掉的空地，夾在透天別墅社區當中；還有寧可拿來種菜，也不肯賣的建地，使得後面的絕美建案，其實並不完全是水岸宅，空留遺憾。

這些故事，或是很多之前蓋出來的小透天，因為左鄰右舍都沒蓋，就留下一面以後不可能看得到的白牆，一留就是十幾年。青埔應該是最具發展條件的地方，真的好看的透天物件卻似乎屈指可數。回推原因，我認為是當初建地劃分方式有問題，或是說完全沒有前瞻性所造成的結果，真是極為可惜。

> 青埔應該是最具發展條件的地方，真的好看的透天物件卻似乎屈指可數。

3-8

還沒成熟，就已先老？ ╳ 停車場竟成難解的死穴！

青埔人的日常：找停車位

李宗盛《山丘》有一句歌詞是這麼唱的：「還沒成熟就已經老了。」感嘆自己的思想還沒有成熟，怎麼就已然衰老？的確有很多這樣的人，只增加了歲月，卻沒有增加智慧。

咦？這篇題目跟青埔的房地產有什麼關係啊？其實大有關係！最近我與不少青埔朋友聊天時，提出一個疑問：「為什麼青埔還沒有發展完全，就已經開始塞車和找不到停車位了？」

許多居民覺得停車購物不方便，因而導致不少店家發現生意變差，對於好不容易有起色的青埔商圈來說，是很大的發展危機。居民停車不便，就會降低購物意願，導致商家生意難做，當然對房地產市場有很大的影響，就像我在一開頭提到的歌詞，青埔不是才剛開始發展，怎麼就像是發展多年的老舊社區一樣了？

青埔和桃園其他舊市區不同，也跟雙北的舊市區不同。前者人口密集，摩托車很多，即使沒地方停車，但仍可以靠雙腿或是機車皆可抵達；而雙北除了靠走路之外，還有公車和捷運，因為生活機能方便，所以就算不靠車也能完全有生活機能。

反觀青埔，逛個超市，要開車，出門吃飯，要開車，甚至剪頭髮、臉部保養、按摩ＳＰＡ，也要開車……。

為什麼明明都在青埔，卻都要開車前往？因為我們的社區都很分散，甚至連去超商，都要找地方停車，所以青埔人的日常生活就是到處找地方停車。

附贈停車位，購屋加分的關鍵

目前青埔的公有停車場，規模都比較大，數量也不太夠，比較像是專為外地民眾使用而建設，在街里巷弄當中，仍舊是缺乏停車位或是停車格。最近看到不少商家，租借附近的空地當作停車場，但這絕非是長久之計，一方面建地也在逐漸活絡，這種臨時停車場隨時都會被地主收回；另一方面，很多街道連這種空地都沒有，若是在街道兩旁都停了車之後，雙向道馬上變成單向道。

過去旅居德國的時候，在路上看到有一種臨時停車牌，只能停十分鐘或半小時，把停車的時間填寫上去，當交警看到超過時間後就會立刻開罰，如此便可以提升街道的流暢度。因為大家只是下車買個東西就走，不用再花費時間找停車場，而是停在街道邊，德國允許這樣的停車方法，可惜不曉得青埔適不適用？

為什麼青埔還沒有發展完全，就已經開始塞車和找不到停車位了？

此外，可能也要有建案在規劃店面的同時，想到青埔停車困難這件事，可以特地規劃出不同出入口的停車場，專門當作公眾收費停車使用，亦可以有停車空間獎勵？

這個題目看似跟好房沒有直接關係，但換一個角度思考，目前在公有停車場旁邊的建案，一定在購屋者心中大大加分，不僅是店家方便，住戶有朋友來訪也會更加方便，自己家庭若有需要添購一部車，社區卻沒停車位時，採用月租也很方便。

現在青埔有些地方已經擁擠到不好停車，所以根本不會想要進去消費。這是不是像我的標題寫的：「怎麼還沒成熟，就老了？」

圖 3-8
店面好不好租，和停車位大有關係。

3-9

大氣的規劃方式 ╳ 視覺留白，便宜了鄰近住客

堅持設計美感，留下大片花園

最近不管是高價位或中價位的建案，紛紛如雨後春筍般冒出。

一般來說，建築基地越大，就越容易凸顯出規劃的氣勢，或是臨近的馬路越寬，也越容易凸顯規劃的特色。前者是配置可以很有變化，後者是必須留出很多退縮空間。這樣一來，不管是購買這個建案的屋主，或是住在隔壁社區的屋主，連經過的路人甲，都可以享受空間的開闊感。

前兩天，「我是青埔人」社團有一則發文，寫道：「住在某一個社區，不如住在可以欣賞到這個建物的隔壁，還要更好！」

我還開玩笑地回應：「要欣賞這個美麗建物，那正好適合住在公七公園了。」

言歸正傳，這篇談到的兩個建案，都讓人對於建商的大氣程度豎起大拇指。一個是在領航南路跟青心路口的新案子，明明是一個完整基地，設計起來卻完全偏向其中一側，而把正對馬路的大面積留做花園。固然可以說，是因為住家社區應該要避免路衝，才不會有風水顧慮，但是青埔有大路衝的建案比比皆是，因此以

建物配置來說，這個建案有那麼好的基地條件，卻因為想要更為完美，既沒有用裙樓增加不太怕路衝的店面，也沒有把路衝的部分做成好推的小坪數，反而選擇直接「留白」。

設計配置大氣，造福社區鄰里

另外一個案子就更明顯了。之前中悅建設把這塊臨老街溪的建地賣給它們時，已經引起很大話題。接下來它們又買下後面的一塊地，變成L型。

想不到平面配置圖出來後，真的讓人跌破眼鏡——那塊多買的基地上，竟然沒有建物，只有游泳池、車道入口和花園！留下了很大一塊空地，屬於視覺上的留白。

當然，你也可以把這種情況，解釋為法規限制，臨路要退縮，或是容積率放在前面的建築物云云，建商又不是吃素的，一定都有把這些考慮在內，但不管如何，建物設計配置還是大氣得無話可說。

就像中悅最近的青埔指標大案開工，也是有很大基地卻蓋了少少的建物，盡量保留四周的空地，作為休憩空間和花園。不只聽到一次有人說，應該快點去買四周的社區，特別是可以看得到中悅內部花園的房子，因為借景方便，不用任何代價就可以順便欣賞。

> 有那麼好的基地條件，卻想要更完美，既沒有用裙樓增加不太怕路衝的店面，也沒有把路衝的部分做成好推的小坪數，反而選擇直接「留白」。

3-10

青埔的一層一戶 × 大坪數，方便又大氣

只要五十坪，一戶就擁有一整層

很多朋友買房，最不喜歡一層多戶，認為這種戶型會變得複雜，或因為人數多而變得吵雜，目前青埔最多的戶數是一層十七戶，這種就是小套房型的社區。

與一層戶數太多的相反，就是很少戶數，少到一層只有一戶，整個電梯間只有你，所以變相地可能可以擺很多東西，但這裡並不是要你任意把梯廳當作倉庫使用，這個行為是違法的！

我的意思是當整層只有一戶時，在門外暫時多放一雙鞋子、小孩子的小腳踏車，或是放個好看的盆景，變成半玄關的作用，方便又大氣，再加上迎送客人時，在梯廳多說兩句，也不會擔心內容被鄰居聽去，或是影響隔壁鄰居安寧了。

這種房子很難找，肯定是大坪數，否則哪有可以做到這樣的設計？結果最近突然發現有一條街——扣掉自建的地主和正在興建中的工地，只有三個建案的街——居然都是一層一戶。熟悉青埔的人應該已經知道我在說哪裡了，它們的不約而同，其實橫跨至少五、六年，所以這跟市場趨勢無關，比較偏向基地大小及建商老闆的個人喜好。

一個才剛要公開的建案，可能創下青埔最少戶數社區的記錄——只有五戶。第二個是超過五年的老新古屋，一直賣不好，晚上幾乎沒亮燈，最後一個則是外面掛個大布旗說是環保綠建築的大案，但也沒有賣出太多戶。

說到這裡，大家一定想說是因為賣太貴，所以才沒有人買，我猜可能是原因之一，因為一層一戶是很稀有的戶型，照道理來說，不應該會滯銷。

但是，青埔還有另外三個一層一戶的社區，屬於同一個建商。其中一個超大坪數，到現在還沒成立管委會，表示還持續在銷售中。第二個的一層一戶全部完銷，一戶難求，讓建商嚐到甜頭，所以又推了第三個一層一戶的社區，只要五十坪就有一層一戶了！所以，對於喜歡一層一戶的人來說，這條街和這幾個建案，都可以去走看看。

當整層只有一戶時，在門外暫時多放一雙鞋子、小孩子的小腳踏車，或是放個好看的盆景，變成半玄關的作用，方便又大氣。

3-11

青埔的水岸宅 ╳ 永久棟距，好一片視野遼闊

近距離接觸水景，價錢竟是臺北零頭

水岸宅顧名思義就是旁邊有水，或者是說在家打開窗就可以看見海景／河景，一般風水的說法是「遇水則發」，所以不少做生意的人，會特別購買水岸宅當住所。當然，既然面對水，也就表示是永久棟距的意思，總是視野遼闊。

在臺北市，水岸可是一般人絕對碰不起的，一般來說，房子只要有水岸景觀，房價就會比無景觀房高出至少百分之五以上，特別是大直，如果購置水岸第一排的房產，真的是非富即貴的人生勝利組才有這樣的機會，或是內湖的碧湖跟大湖，新屋也是貴到一個不行。

若是將同樣的條件放在青埔呢？我們來看看，青埔最棒的水岸宅，當然是老街溪兩岸，其次是新街溪和洽溪，但是因為新街溪看過去就不是青埔，且工業區居多，而洽溪的對面也不是青埔，就是區外的田園風光，所以有價值的水岸宅，還是以老街溪兩岸為主。此外，跟內湖媲美的當然是面青塘園和書法公園的社區。

面對河（臺北市）和溪（青埔）有什麼不同？答案當然是面對河好看些，因為水量穩定，氣勢也大。但也因為如此，大直的

水岸宅根本不近水，不僅有堤防也有高速道路，哪裡像老街溪岸的住宅可以享受水景？而臺灣的溪流水量，通常冬夏落差大，加上沿岸整治不佳，經常會有污染現象，實在是很可惜。所以對青埔來說，老街溪的整治就是頭等大事，這不光是為了水岸宅，同時也是讓民眾有一條乾淨的溪流。

至於所謂的湖景，有人笑說，青埔的湖是埤塘啦！其實內湖的湖也是埤塘，因為臺灣的城市根本就沒有天然湖的條件。

重點來了，不管是大直還是內湖，跟青埔類似的景觀條件，青埔的房價是它們的零頭，一坪相差百萬呢！所以想要水岸宅的北部購屋者，真的不要忘記青埔有著跟大直內湖億萬豪宅一樣的景觀可以欣賞！

> 不管是大直還是內湖，跟青埔類似的景觀條件，青埔的房價是它們的零頭，一坪相差百萬呢！

3-12

四大建案像邊防 ╳ 青埔國，即將落成！

別被話術搞昏了，多聽多看多做功課

邊防？青埔要獨立變成「青埔國」了嗎？好啦！開玩笑用了這個字眼，因為正好有四個青埔邊陲的建案，都在賣、都在蓋，而且銷售人員常常不知不覺（也可能是話術）會拿來互相比較，當然也可能是因為買家想在青埔買購屋，差不多的預算、需求，總會把這幾個案子都跑一趟再考慮吧！

這四個案子分別是合康新上城、櫻花緻、手城秀景以及青之上河。據說都賣得相當好，如果現在去銷售中心，可能會得到「我們準備完銷了」的答案。沒關係，如果真有想買的誠意，就誠摯認真地告訴他們，可能會有一些後來退訂的買家釋出，相信我，一定會有這個運氣。

為什麼特別提到這四個案子？兩個原因，第一就是「價位定錨」，當一個位置對青埔來說是比較邊陲的預售案，要賣某個價錢，那區內的一定會比它高，而區外的就賣不了比它高，簡單的就把價位定錨了。如果一個預售案就罷了，現在四個案在相近的時間定錨，已經把青埔預售屋的價位框定在那裡了。

對於自住客的買方來說，因為這幾個案子的開賣時間畢竟有先後，且對於自己的認知與定位也有落差。例如：A案會說我們能賣這個價，是因為B案地址在大園，再到C案看房時，會提到它們當然比D案貴，是因為旁邊沒有電塔……。

總之，比來比去都把別人的缺點拿出來說，腦袋一時被攪昏了，也不知該怎樣比較才對，我認為至少多做功課還是對的方向，不妨聽聽看別人怎麼說自己想買的案子吧！

第二個把它們相提並論的原因，自然就是都在邊陲，一線之隔、一街之隔就不是青埔了。那麼，有什麼問題嗎？首先，既然不在青埔內，就代表在短期內不會有所改變，也就是不會有進一步發展。

若是看得順眼，覺得可以接受，那當然沒問題。假設覺得電線桿礙眼、雜草叢生、稻田廢棄物很多、鐵皮屋難看。那麼可能在幾年內都會是這種樣貌，青埔內都還有很多發展空間，政府的都市規劃真的管不到那裡去。

曾經參觀一個建案，離開接待中心前順口說：「我等一下過去看看。」代銷小姐追著我：「現在看起來很雜亂啦！不要去看比較好。」我很想回她：「其實那裡長什麼樣子，我本來就知道，妳也太沒自信了。」此外，這四個案子都有所謂的「陰陽面」。在建物規劃裡面，

比來比去把腦袋一時攪昏了，也不知該怎樣比較才對，至少多做功課還是對的方向，不妨聽聽看別人怎麼說自己想買的案子吧！

好賣的、條件好的，和不好賣的、條件差的，究竟差多少？也是一個有意思的題目。由於這四個案子有部分提到可以看到水景。所以還是進一步分析一下。

這四個案子裡面，有一些也標榜面向水岸，不管是溪流，還是埤塘，每坪就會相差好幾萬，如果是衝著有水景而去的買家，一定要搞清楚，在哪裡可以看到水景？值不值得多花那些景觀費？不要只聽這裡好、那裡不好，前棟好、後棟不好，就馬上慌了手腳，覺得口袋不深只好買次等貨，倒也不必喔！

圖 3-12
華泰名品城，算是青埔非常核心的商業設施。

3-13

要不要買區外？ ╳ 後疫情時代的房地產爆買潮

青埔轉個彎，房價省百萬？

經過了一波新冠肺炎疫情後，二〇二〇年下半年房地產大放異彩，特別是青埔的房市，好像從沉睡中甦醒，爆發力非常驚人，市況似乎好到令人看不到車尾燈，沒有手刀搶下一戶就太對不起自己。

「要不要買區外」這件事情，免不了被提出來討論。看到房地產的廣告：「青埔轉個彎，房價省百萬。」我想，那些都市計劃外甲建，地價取得跟區內能比嗎？隨便說也是三倍吧？結果房價「只能省百萬」？這要拐誰呢？

喊出大青埔生活圈的人也是很敢，青埔本身介乎中壢和大園之間，還怎麼大青埔生活圈呢？要大到哪裡？如此一來，把大竹人放哪裡？所以，羅姐其實不鼓勵跑到區外，因為不划算啊！建商可沒把自己當區外賣，而是用青埔周遭，甚至用路程來證明它非常近，所以賣價可以貼近青埔，吸引大家覺得這樣很可以。

我去看了一個號稱價格跟區內已經「無縫接軌」的案子，距離新光影城據說只有五分鐘。

「不好意思，我們只剩下幾戶二到四樓的房子，其他全部沒有了。」售屋人員語氣彷彿在跟我說：「可以接待妳臨時來，是因為沒有什麼可以賣了。」

「請問妳們會帶客人去基地現場嗎？」我問。

「不會啊！就客人自己去看，可以接受就會回來。」

「啊？巷道只有三公尺？那就是農業道路啊，連會車都不行吧？」

「妳可以自己去開開看，但是我們快賣完了，客人也都接受啊！」

好吧！這似乎變成是我的問題。只是好奇，這樣的農業道路，其實要等到徵收完航空城區域，土地重劃後發回，才有可能變成十二公尺，大概還要再等個五、六年吧！進一步說，基地的周邊都是老舊房子，不參加徵收重劃的還是很多，這塊地看出去仍是鄉村風啊！

要不要買區外？這是一個好問題

當然，這個建案比之前距離更遠，道路也是很小的一些甲建社區，或許在規劃上，又進步了一些，也相信建設公司願意用心建造，甚至因為基地面積不小，格局也是漂亮且方正。雖然整個社區不管是多大坪數，因為區外沒有天然瓦斯的管線，所以一律沒有瓦斯供應。

「所以，我要不要買區外啊？」這個問題就像是夢魘一樣，經常

> 建商可沒把自己當區外賣，而是用青埔周遭，甚至用路程來證明它非常近，所以賣價可以貼近青埔，吸引大家覺得這樣很可以。

會跑出來干擾在青埔找房子的購屋者，我也曾經被影響過。那天看到有人在臉書上回應：「如果你要買XX，那不就已經快到大竹，不如去買大竹吧！還有那個○○，真的四周都是稻田，還不如去買過嶺。」

最後提一下，其實甲建原來的規定是樓高不可以超過四樓，但是建商整合來整合去，還是有辦法蓋成高樓，這時候，要高呼日照權的，是四周的稻田囉！因為樓高一擋，隔壁的稻田種什麼都會受到影響，作物的日照權就這樣被剝奪了。這是臺灣土地區分的一個奇怪現象，但也只能徒呼負負，繼續認真來思考，到底要不要買區外啊？

一條路的兩側，價差可達十萬

那我們來說說青埔的附近，為何青埔都還沒談，就要先說附近呢？因為對於房地產買賣來說，先要對「地點」（Location）定義清楚，可惜很多銷售人員經常會模糊以對，還疑惑青埔人為何要排斥青埔附近的區？

想想看，為什麼同樣一分鐘的距離、一眼望去皆可以看到A19，房價還是會差到一坪十萬？那買一坪貴十萬的人不就虧了嗎？不好意思，它就是有差，市場行情就擺在那裡。

不要說距離一兩分鐘了，一條路的兩側，可能就會有很大價差，因為一側是A行政區，一側是B行政區，這種例子比比皆是。

青埔是有一個範圍的，不管是都市計劃、道路規劃，還是電力、水力，或瓦斯供應都有界線和區別，區外就是區外，不容混淆。也有人說，以後會都市計劃，就可能擴大範圍，但目前集中在青埔附近的推案或是建案，連跟航空城都沾不上邊，我覺得要談納入青埔之類的可能性，恐怕要比等航空城還久吧！

但是，當然還是可以買在青埔附近，省下來的錢可以買部車，或是做做裝潢。我只是想說，低買就低賣，買一個鄉村甲建的大樓，以後增值的空間極為有限。進一步說，真的受限於預算，如果是我，可能選擇租房，下一步再努力買進青埔內，不一定非要選擇鄉村型甲建的社區。

圖 3-13
青埔區內和區外，差異還是不小。

3-14

三個話術的事實  田邊、小路、買區外

話術背後的事實——時間

我經常參觀一些建案，想先分享一下跑案場時，最常聽到的三個話術。

雖然是話術，但也不能說是騙人，只是換個說法而已。所以，我不是要來破解，而是要提醒這些事實的背後都有一個怪獸，叫做「時間」。

◆**第一個話術**：這些區外的甲建，附近都是稻田，你知道以前青埔也都是稻田嗎？所以買稻田旁邊沒關係，以後發展起來就好了。

◇**事實**：青埔還是稻田的那個年代好像是二十幾年前吧？一個重劃區從開始紙上作業到真的徵收，再到發展起來，沒有花個一、二十年是真的等不到的！

◆**第二個話術**：門口的路很小條，等它拓寬就好了。

◇**事實**：很多區外甲建的門口，都是三公尺的農路，根本不能或是很難會車。曾經在社團看到有一位朋友說：「好期待所買的房子前面的道路拓寬喔，只要拓寬就不會那麼難開了。」這些農路很難有拓寬的機會，兩邊的灌溉溝渠屬於水利會，有時候連

水溝加蓋都有困難，兩側還都是私人稻田，等到拓寬徵收，不知道是什麼時候了。

◆**第三個話術：**年輕人買房買不起區內，就從區外買起啊！等你們賺更多錢，就可以搬進區內。

◇**事實：**這好像也是事實，但是所謂的退而求其次，不是只有青埔附近，其實也可以選擇其他地區。何況連青埔本身都還在發展中，為了生活機能方便，或許舊市區也是另一種選擇。

以上的話術要加上時間差，才是購屋前要考慮清楚的事。或許這樣一看就認為我不贊成買區外，這邊要特別再說明一下，我不是贊成或是反對。因為，每一個購屋者的需求都不同，也有很多住在區外，在這幾年看到青埔的發展，而自己的房子也有增值，對於生活機能與交通都可以接受的人。

我只是覺得對許多首購族來說，購屋是一件大事，幾乎只有一次的選擇機會，下一次可能要等到多年以後，那麼就要把現況和時間一起考慮，仔細規劃一下交屋時的家庭狀況，以及對於生活機能的需求，才不會買到一個自己以為即將實現，實際上卻是很久以後才能實現的房子。

對許多首購族來說，購屋是一件大事，把現況和時間一起考慮並仔細規劃，才不會買到一個自己以為即將成真，卻要很久以後才能實現的房子。

3-15

鄉村包圍城市 ╳ 交通工具和生活機能得納入考量

都是區外建案，特色個個不同

這篇是要來談一下區外的建案，用鄉村包圍城市應該很貼切，因為所謂區外都是在農業區的甲種建築用地。他們的景觀四周都是稻田，房子多是農舍，而道路除了部分交通要道有可能是大馬路外，其他很多都是農路。

我們來談一下不同方向的區外甲建，有哪些不同？

首先，當然要說月眉地區，從機捷A19附近的月桃路，之前推出過不少區外建案，以及聖德路右轉沿線也有幾個區外建案。不管是用什麼喜市、A19命名，或是用美國大城市當作社區名稱，目前中古屋價格都比之前高，所以想跟大家說買區外也會增值的話，就會舉這些社區做例子。但是這些社區的管理好壞有落差，若是要買，一定要把社區管理現況看清楚。

第二個方向就是往過嶺的高鐵沿線走，兩側有一些小型甲建陸續推出，最近因為一個在地建商，在棒球場旁邊搭了一個鐵皮屋當作接待中心，所以引起不少話題。但是這裡肯定會受到高鐵噪音影響，而且一定要有交通工具才可以到達青埔、大崙等這些比較多生活機能的地方，所以也有人提出，要買這個方向還不如去過嶺，才差幾分鐘，又有生活機能，價格還更低。

最近在芭里國小後方，也有甲建物件推出，雖然距離似乎更遠，甚至偏向中壢市區，但因為屬於芝芭里，跟青埔的學區重疊，所以也主打青埔周邊。

買不起青埔，就買區外的大竹

第三個方向是我覺得之前沒有推案，後來因為道路拓寬，感覺開在路上轉個彎就看到ＩＫＥＡ，那肯定離得不遠，應該是可以認真來研究的區塊。這個區塊以往因為離工業區比較近，一直沒什麼發展，直到中興路拓寬通車，似乎就完全不一樣。現在沿線有兩三個正在蓋的建案，也是主打年輕族群的成家客層。而且這邊上交流道更近，不管是大竹、內壢，或是從中壢休息站進出，選擇也不少。

最後一個方向，是一個可以把區外賣過三十萬一坪的指標案件。往大園市區的方向原來看起很邊陲，但是自從新光影城以及對面的全聯開幕後，好像附近開始車水馬龍起來。加上這個區塊，是航空城即將開始徵收開發的區塊。如果政府的計劃能夠按部就班落實執行，附近的地貌就會大幅改變，也會有重新規劃開發的道路。目前距離上述

如果政府的計劃能夠按部就班落實執行，附近的地貌就會大幅改變，也會有重新規劃開發的道路。

的熱鬧地區又真的很近，難怪會賣光光。只不過，也都還是要等、等、等。

總之，青埔附近當然受到青埔發展速度的很大影響。試舉大竹為例，早年要買青埔，就會有人說：「買不起南崁，就買大竹啦！誰會去買青埔啊？」現在當然是倒過來：「買不起青埔，就去買區外的大竹啦！」其實大竹不是區外啦！它自成一個生活圈，只是規模大小跟青埔相差非常遠。過嶺也一樣，它也自成一個生活圈。喜歡大竹或是過嶺的朋友們，也可以享受小區域的生活機能，其實並不需要相互比較。只是因為預售屋的銷售，總是拿青埔附近當作話題，我才一起整理一下給大家參考。

圖 3-15
區外建案，考量交通和生活機能。

3-16

嫌惡設施怎麼解？ ╳ 聰明人絕不去做笨事！

在乎就不要買，會嫌惡代表在意

之前有一個假消息在青埔人之間傳開，那就是青埔最大的「嫌惡設施」廣天寺要賣掉了，惹得廣天寺出來駁斥，說是有人造謠。結果當然是沒有要賣，也沒有搬走的計劃，大家還要繼續與它共處。

其實我不愛談嫌惡設施，也不喜歡從負面角度來看物件，要知道，對自住來說，不管嫌過多少設施，最後都是要跟它「為伍」，所以我從來都不主張用什麼嫌惡設施來當議價空間，這是一件很笨的事情。

可不可以接受或是忍受，自己知道就好，拿來跟房仲和代銷說：「你不值這個價，因為後面有人養豬、隔壁是工廠、前面還有資源回收、路又小條，還有高鐵噪音。」不管最後議到多少錢，未來的日子都要跟這些「嫌惡設施」共處，特別是當你一直強調，也就會一直記得，這恐怕是最笨的事情了，沒有之一。

有人覺得自己很厲害，調出清朝時期的青埔地籍圖，告訴大家這裡以前是墳墓，那裡有堆肥場，當然包括現在的電塔、變電所和對面的工廠都放上去，以為可以讓大家嫌棄青埔，但是我還是不贊成繼續去做這種笨事。

我的看法很簡單：如果在乎，就不要買。

假使到處問：「這個有沒有路衝？那裡是不是壁刀？可以看到靈骨塔？那邊有公墓？」只要你要到處問，那就別買了，因為這表示你非常在意這些事情，一旦住進去有了什麼問題，一定馬上歸究於這些缺點，那又何必呢？

避不開的嫌惡設施，換個方向就可以

在廣天寺附近的建案社區不少，也是青埔價格比較低的地方，據說還分看不看得到、會不會面對面等條件，因此價位各有不同。

在地狹人稠的臺灣，難免會有很多地方四周都會有一些避不開的「嫌惡設施」，到底應該怎麼辦呢？就像廣天寺的大佛，很多人不喜歡。

首先當然是要從規劃著手，這是我一直認為建築規劃是個百年（至少半百）大業的關鍵，盡量不要把建築物面對嫌惡設施，以免出大門就看見，回家也幾乎家家戶戶都看得見。如果把大門換個方向，面對嫌惡設施多為浴廁的小窗、後陽台，或是逃生梯間等等，豈不是減少很多難銷售的房子？最不負責任的做法就是用便宜價格賣掉。

對自住來說，不管嫌過多少設施，最後都是要跟它「為伍」，所以我從來都不主張用什麼嫌惡設施來當議價空間，這是一件很笨的事情。

像有一個面對機捷高架軌道的社區，把健身房和公設放在五樓，就是會面對機捷經過的那一個樓層，這是非常聰明的做法，也就不需要面臨把五樓賣便宜一點的問題了。

廣天寺大佛是整面的，要做好規劃恐怕有點難度，但有沒有用心卻可以看得出來。就像最近很紅火的一個預售案，就有靠近電塔的那一面，如果建商足夠聰明，肯定要把那個角落另做處理，而不只是賣便宜一點就草草了事。

還有靠近高鐵從地下衝出地面，噪音特別大的那個建案，是把哪一種房型放在靠近那邊？有興趣的就自己去瞭解吧！當然，建商不用心去調整，真的不在意這些設施的購屋者，也可以趁機議議價，一定會有好結果。

圖 3-16
怎樣才算是嫌惡設施？往往因人而異。

3-17

熱到家！青埔有夠熱 ╳ 好物件一出現，即刻秒殺！

開價即成交，房仲無房可賣？

繼上次跑到南崁替朋友找房，昨天又跑到八德幫親戚看房。雖然本章撰寫的範圍是青埔，但他山之石可以攻錯，何況講來講去又會講回青埔。

先來說說南崁吧！由黃制服的房仲連鎖店的當家頭牌（店裡都是他賀成交的錦旗）帶我們參觀。

「最近都快沒房子賣了，好的物件一出現，就是秒殺。」他指著我想要看的某個物件，「像這間都還沒建檔，就直接賣掉！」

我是天天上五九一網站的人，所以我知道他說的都是真的，貼出來的第二天晚上，打電話詢問就已經收斡旋了。

載朋友到高鐵的路上，順道去青埔外圍的某個預售建案，因為預算的原因，我想，應該是唯一有機會可以買的新房子。想不到，一看之下，又是只剩頂樓露台戶，開價一千三百萬以上，怎麼已經跟區內的價格那麼接近啦？

房地產市場果然很熱，所以我又被叫去八德也不意外了。很妙地，依然是黃制服的房仲。既然親戚叫我出馬，我就只好擺出一副很懂的樣子，就差沒有把「羅姐談好房」的連結給他。

「你把這附近類似案件至少再找個兩三間吧！一起評估啊！」

想不到他很認真地告訴我：「我們最近都沒有房子賣了，妳現在走出去找另外一位房仲，他也只能帶妳來看這間。」

講到價錢，直接開價一千兩百零八萬，底價是一千一百六十八萬，賣方不付仲介費，所以買方要另外給百分之三的仲介費，這樣豈不是開價就幾乎是成交價了？突然，我像是回到十多年前的上海，我第一次看房時，發現開價一百萬人民幣，居然成交價大概是一百零五萬人民幣，當下我瞪大眼睛，原來開價就真的是成交價，還要多加一點才可能成交。

驚訝的事情還在後頭，因為對方雖然完全不認識我，只是知道我住在青埔，居然先問：「我和我哥要一起集資買青埔的房，在等XX開盤。妳有內幕嗎？還是知道有哪個建案可以買？我怕不買就買不到了。青埔現在還有不到三十萬的預售嗎？」

接著又問我：「妳有房子可以給我賣嗎？青埔或是外圍都好。」突然我反客為主，對方對於我親戚的下一步，還沒有青埔來得讓他感興趣。

青埔太熱了，其他地方也不涼快，我們要讓子彈飛一會兒！

「最近都快沒房子賣了，好的物件一出現，就是秒殺。」他指著我想要看的某個物件，「像這間都還沒建檔，就直接賣掉！」

3-18

時間靜止的地方 ╳ 格格不入的老社區

保留原有樣貌，老舊社區的特別之處

在青埔突飛猛進的發展之下，卻有三加一個地方，像是時間停止了，似乎只有小小的歲月痕跡，才看得出它的改變。那麼它們會改變嗎？有機會再改變嗎？其實大家都在等著看。

這幾個地方是當初在重劃青埔高鐵特區時，選擇放棄而保留原有社區型態的老社區：民生社區、皇家社區和瑞士社區，還正好分別在A17站、A18站、A19站。另外加一的是以公寓為主的新皇家社區，相對比較小一點。經過的時候，很多人會驚訝青埔怎麼還有這樣老舊的房子？它們是真的老，有的屋齡已經快四十年了呢！

如果當初能夠一起重劃不知有多好啊？但是當地的老居民可能不這樣想，因為重劃時他們就已經是透天，到時候分回給地主，還是只能蓋透天，當年屋齡才十幾不到二十年的房子，還不算老，誰知道以後會變得怎樣？

這幾個老社區有其特別之處。首先，電線桿沒有地下化，所以走進去就像走回舊市區，最近皇家社區已經通過要進行電線地下化工程，完工後視覺上可能會好很多。

其次，街道方向與後來的重劃區不一致，重劃區是東北西南，或是西北東南方向，但是這幾個社區的巷道是正南北向為主。所以一踏入這些社區，就會有種格格不入的感覺。

老舊社區買賣難，皇家社區改變最積極

那麼可以買這裡的房子嗎？我覺得可以找找，但機會不大。

首先，當地的住民很惜售，覺得地點很好，所以不肯低價賣，但周圍漂亮的房子林立，價錢不夠低，為何要買舊社區呢？何況，以後的左鄰右舍，還是老舊房子，完全不像住新社區的感覺，所以釋出跟成交都不多，讓建商整合機會也不大，因為青埔還有一大堆可以開發的空地，還需要來做這種吃力的事嗎？那麼，在可見的將來，這幾個社區的房子會變得怎樣？

在美術館旁邊的瑞士社區，有個室內設計公司買進角落的一間，不僅認養了公廁，還整理成一棟漂亮的別墅加工作室。這個社區在美術館開發計畫中，曾被政府單位畫大餅說要逐漸鼓勵區民變成文創基地，保留原樣，容納藝術並且進駐文創工作者。但是，到現在仍只有這幾行字，沒有任何行動計劃。我想，要靠自己形成，可能要美術館

> 電線桿沒有地下化、街道方向與後來的重劃區不一致，一踏入這些社區，就會有種格格不入的感覺。

落成開放後再花十年吧！這間室內設計公司只是一個例外。

其中以皇家社區最為積極，爭取了天幕籃球場，也建起社區柵欄，擋住華泰名品城過多的車潮跑進它們社區。貼近華泰那一側，好幾棟住宅翻修，全部改為套房出租，據說有一間八千的行情，所以一棟接一棟開始變化，也有填了花圃要變成店面的，也有打掉重蓋的，是目前三個社區中變化最大的。在我看來，青埔建地的支離破碎，換到這幾個社區中的改變，也好不到哪裡去。就是你改你的，我舊我的，視覺和美感上想要提升，還真不太容易，這便是臺灣都市發展中的小小縮影。

圖 3-18
重劃區一樣有新舊雜陳的地方。

3-19

林口是雙北獨立城區 ╳ 當心，一句話惹怒 XX 人

從面容模糊的小孩，長成氣宇軒昂的青年

說到林口，要先從最近臉書又炒熱的話題說起：「一句話惹怒ＸＸ人。」想要惹怒林口人，非這兩句話莫屬：「你們那裡很潮濕耶！」、「你們那裡常起霧啊！」一般人對於林口的氣候，一定會跑出這兩個觀點。

先說一下，林口其實是雙北的淨土，也是唯一一個非常獨立而成熟的城區，所以它的環境真的值得自住客好好研究清楚再下手。

為何說林口很獨立？因為它跟四周其他地方有著明確的區隔，不像新北其他區域都和四周有著剪不斷理還亂的關係，具體來說，中和、永和，或是新莊、板橋等等，有時都互相緊密連結，而林口因為是台地，就地理位置而言，頗為獨立。正因如此，它的氣候就比較特別。

近年來因為全球暖化的關係，林口的潮濕和霧氣跟早些年比起來，其實已經大不相同，就像多雨的基隆，其實降雨量也連年下降，不再是隨時都要拿傘的雨都。因為如此，林口也出現了一個優點，就是比起擁擠的舊城區，要涼快得多，人們都是如此，

與高溫天氣多的地方相比較時，略低的溫度就變成優點了。

林口當年被規劃成一處重劃區，稱為副都心。很多人對它寄予厚望，卻一直等不到它的發展。十幾二十年過去了，近年的林口隨著三井 Outlet 或是機捷的通車，大量的建築物像雨後春筍般冒出來，帶來的人潮車潮，立刻就把它從面容模糊的小孩，變成氣宇軒昂的青年。

我再強調一次，林口是獨立的城區，所以當選擇要來林口居住時，就是一個非常慎重的考量，喜歡不喜歡、適應不適應，才是重點。當看房選擇時，先要問一下自己或是同住家人，為何要買林口？確定要來住林口嗎？有具體的想法了，才能進一步思考，要看林口什麼樣的房子。

近年的林口隨著三井 Outlet 或是機捷的通車，大量的建築物像雨後春筍般冒出來，帶來人潮與車潮。

3-20

林口四大區塊的差異 ╳ 找對方向，喜歡哪就看哪！

林口四大區塊，買房先定向

說到林口有四大區塊（圖 3-20），恐怕很多人一頭霧水，只能說出高速公路的左邊一塊、右邊一塊吧！要到林口來看房，要先釐清到底哪裡是林口？

還記得這個老笑話嗎？當年，王永慶先先一定要把醫院取名為林口長庚，就被龜山鄉的鄉長怒告，說醫院明明是在龜山。結果王老先生說，請你體諒來看病的老人家多，「龜」很難寫，「林口」好寫又好認，救人命的事情不要計較啦！所以長庚醫院就叫林口長庚了。

但我這裡提到的四大區塊，其實不關龜山的事。當然，這四個區塊的分法，不是什麼行政區域，而是在地的房地產業者，應該都這樣看待，所以相對的售屋價等，都會或多或少受到影響。

對於老林口人來說，所謂的林口，是指文化一路一段的右側林口國宅，一直到竹林寺的這片，不僅發展得早，且有一些政府行政單位在此，其他地方都算是重劃區。

對於這幾年蓬勃發展的三井 Outlet 區域，可以算是精華中的精華，不僅離捷運站近，生活環境最棒，又有好的商業機能，介於文化一路到文化二路，再到文化三路，甚至文化北路的前段，都可以算是這個區域。

第三塊，可以說是所謂的後段，一般來說，可以從仁愛路來區分。而仁愛路有家樂福，所以也可以說，家樂福前或是家樂福後，房價或是交通便利性上就有一些差異，更嚴格一點，也有人把扶輪公園的忠孝路也當分隔線。總之，就是分了前段後段。

最後一小塊，稱之為南勢。其實，原來根本沒有把這小塊放在眼裡，因為它是一片空地，且臨工業區或是一些農地，甚至馬上往南崁那裡的下坡便道，地形也有落差。但現在突然冒出很多低密度開發的別墅，看起來已經今非昔比，加上後半段的工業區即將重劃招標，也令人非常期待會像華亞，甚至內科一樣，跟上新興工業發展的腳步，為林口帶來另外一波就業人口。

因此，當有心到林口購屋居住，要從哪裡看起呢？先把地圖攤開，瞧瞧自己比較喜歡哪裡的街廓環境，或是相關設施，才不會東看西看，完全摸不著方向。

林口四個區塊的分法，不是什麼行政區域，而是在地的房地產業者，應該都這樣看待，所以售屋價等，都會或多或少受到影響。

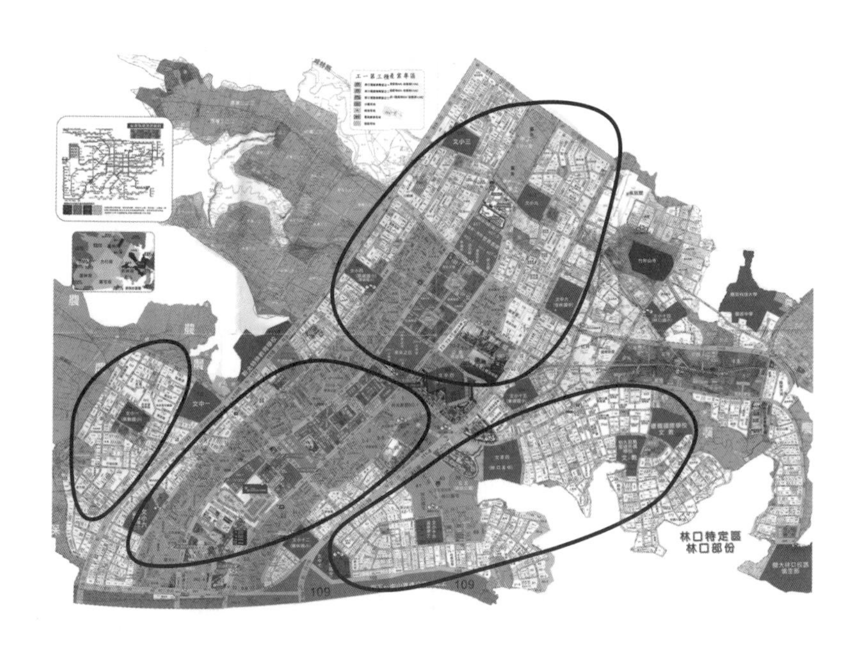

圖 3-20 林口四大區域分布圖（翻拍自「青埔我的家」文宣）

3-21

公園宅的獨特性 ╳ 景觀執念者，不容錯過

公園宅最佳樓層怎麼選？

想要買房自住的都知道，公園宅、學區宅絕對是加分的好標的，也就要付出多一點代價，在林口購屋當然也不例外。

攤開地圖，先不論邊陲地帶的綠地，核心中的核心就是扶輪公園了，或是有人美化它的名稱，叫做「林口中央公園」。因為公園邊上的一個大型建案，就取這個名字，順理成章地把它喊得大氣一點。

其實它真正名稱是公十三，面積大小比不過林口兩個運動公園。以林口住宅市場來說，所謂公園宅，價格最高的就是面這個公園的物件了。

基本上公園四周都已經全部蓋滿，除了少數完工不到一年的社區外，其他公園宅就只能從中古屋市場裡面找機會。既然稱為公園宅，肯定要以能夠看到、感受到公園才是最佳選擇。

這時就有一個需要注意的關鍵，就是到底樓高幾層才是最佳樓層？假設跟公園間只有小巷子，或是直接連接，那麼可能在二樓以上到六樓都是好位置。因為可能坐在客廳就看得到公園，或是當公園樹木茂盛時，低樓層還可以欣賞到蓊蓊鬱鬱的樹梢。

棟距也是公園宅的關鍵因素

如果這個公園面積較大，四周是大馬路的話，隔鄰社區就算是低樓層，也要先接受馬路噪音，或是先看到路燈和電線桿之類的景觀，越過馬路才是公園。所以一定要在房子內感受一下，究竟這間公園宅的核心是公園，還是棟距？

所謂棟距的意思，就是房子與其他建築物的距離。因為公園基本沒有建築物，所以面對公園，肯定棟距遠。當買到八樓以上，就要很靠近窗邊才可以看得到公園；若是十二樓以上，啊！那不僅要走到陽台，還要向下看，才會發現公園。

當然以上的樓層只是舉例，要看公園大小和距離遠近。只不過，同樣都是公園宅，樓層高低和四周有沒有大馬路，還是很重要的關鍵因素。

像是圖 3-21-1、3-21-2 的這棟公園宅，當初規劃不僅是大坪數，且每一戶都是客廳和主臥都面朝公園，景觀視野都很棒。如果對於公園宅有執念的人，就不可以錯過。畢竟在林口真正的公園宅，也算是稀缺產品。林口的公園綠地，靠社區本身的退縮，和各級學校，或是商業設施產生的也不少。

同樣都是公園宅，樓層高低和四周有沒有大馬路，還是很重要的關鍵因素。

圖 3-21-1 公園宅景觀遼闊

圖 3-21-2 林口少數的公園宅

PART 4

行家
帶看

巷子內找好房‧
業界心法獨家披露

行家一出手，便知有沒有，好房召集令，業界獨家買房關鍵全披露，同時收錄好房達人羅姐與行家的巷子內對談，包你收穫滿滿。

4-1

深耕在地，用體貼心意打造凝聚情感的「家」

禾林建設董事長 吳瑞麒

秉持「先設計，後建築」的理念，禾林主要想表達空間規劃的實用和機能，也就是「人性尺度，美感生活」的理想。

禾林建築由室內設計起家，由內而外的設計，讓景觀先行，營造宜居空間，在城市裡打造一座平靜的住宅，是我們最大的精神！

建築如同人體的放大版，因此每一吋空間都必須舒適且自在地相處著，讓每一扇窗，都能夠收納大自然的美！

用心打造人性尺度，規劃美感生活

以桃園為基地，我們累積二十三年、三千件以上作品，從選地到精心打造一座建築，再到室內空間規劃，一步步演繹人與人、人與物、人與自然、人與自己內在之間的故事，用體貼的心意打造凝聚情感的「家」。

「禾林建設」看好青埔「國際」城市的發展，之前推出的禾林 RichOne（目前推第二期，第三期即將公開）都深受在地與雙北客的青睞，儼然就是青埔指標性建築。因為禾林真正表達出空間規劃的實用和機能，也就是「人性尺度，美感生活」。

禾林的「先設計，後建築」的理念，先思考室內格局，再延伸到建築，讓每一個空間尺度都更具張力。

這固然源於禾林是從室內設計起家，再一步一步往上整合，整合建築師、建設公司，成為真正的開發商。這個過程不是只有企圖心來擴展事業版圖，真正驅動的是對於理想空間的堅持。

好房到手，關鍵細節不可不知

「我是青埔人」臉書社團的羅姐出版《羅姐談好房：行家引路 x 竅門破解 x 實戰入局 購屋自住私房秘笈》，寫出了一部分禾林的觀點，舉例來說，她在書中提出採光和通風的一些獨到見解，或是對於平面配置的關鍵影響，對於購屋者來說，確實具有參考價值。

一如羅姐文章中提到的：「建築物至少有五十年壽命，也是絕大多數消費者一輩子的最大投資或是花費。」禾林會繼續發揮在空間美學的特長，期待為臺灣的房地產業帶來更多好作品。

巷口指路，購屋自住的實戰秘笈

寶麟廣告副總經理 管清智

面對傳統銷售模式可能式微，寶麟開始加強網路媒體的佈局，和掌握自住需求的專業能力，為客戶找到真正宜家的好居！

關於房地產業從策略規劃到專業銷管，寶麟廣告參與投入的項目既深且廣，近年來，臺灣房地產業有許多內在和外在的變化，加上去年開始至今未歇的疫情影響，的確面臨很大的挑戰。

但是挑戰就是機會之所在，因此，有一些發展的趨勢，非常值得進一步探討。

網路自媒體崛起，自住成主流

首先，當然是「網路媒體的崛起」。不只是所謂房屋訊息更多、更密集地在網路上曝光，也不是實境看屋等等技術突破，而是購屋者會在網路上尋找資訊，詢問業內專家，甚至交叉比較各方訊息，才會做出決定。

對於房地產業者來說，也要面對傳統銷售模式可能式微，資訊越來越透明的實際狀況。寶麟廣告在整合預售屋專案銷售的專業上，也注意到很多網路自媒體的崛起，認為值得進行交流合作，以提供更多房市趨勢和個案分析，才能夠更直接面對購屋者的需求。

正因如此，其次的趨勢就是「自住大於投資」。有不少分析都指向臺灣房地產，或是全世界房地產都一樣，除非是商用地產，現階段以住宅來說，自住才是主流。

房子是要拿來住的，以前說的「Location! Location! Location!」，在以自住為主的前提下，已經轉換為地點是跟購屋者自身需求相關，而不是像投資一樣只關心買哪裡會漲價。在選擇自住房子適合地點後的關鍵，其實是格局配置，格局好壞背後的原因，則考量到居住上的實用性。

虛實整合，重劃區域前景可期

在整合銷售預售案的過程中，很清楚網路媒體和自住實用的重點，所以加強網路媒體的佈局，和掌握自住需求的專業能力，是必須做的工作。這和「我是青埔人」臉書社團當中，撰寫「羅姐談好房」專欄的羅姐，絕大部分想法可以說是不謀而合。

桃園青埔的發展大家有目共睹，寶麟廣告接下來還有即將展開的新案推出。除了青埔，當然還有很多的重劃區域正在開發整合，例如桃園八德擴大開發區、臺中十二期及烏日高鐵站區、臺南沙崙高鐵站區等等，提供更多實用專業資訊，強化買賣雙方交流平台，將是未來需要持續努力的目標。

延續這股自住的熱潮，羅姐新書《羅姐談好房》，實際點出一些購屋自住需要注意的重點，不管想要在哪裡買房都非常實用，值得有興趣的購屋者多加參考，同步推薦給大家。

4-3

您好！
歡迎來到「青埔我的家」
——用社群網站和
團隊創造的好房故事

好房達人 **羅姐**
VS.
「青埔我的家」臉書社團團長 **李佳樺**
公關長 **陳龍聖**

很多客人都是從網路上先認識，或是對話過一陣子才變成客戶，透過網路的互動，「青埔我的家」社團就像是「隔壁家的鄰居」。

我們改變過去房仲業生態，透過網路瞭解問題、解決問題，讓客人先「信任」再「委託」，最後主動找上我們，把房子交給我們來銷售。

「青埔我的家」是臉書一個人氣房地產社團，創版人是兩位房地產仲介生意的夥伴。這個社團不僅突破了房仲業街頭找客戶和業務的生態，更從服務角度切入，進而運用團隊力量，締造良好業績。

目前房仲團隊的服務人數有一百三十人，地點橫跨桃園青埔、桃園龜山和新北林口。所以，特別來跟業內行家──「青埔我的家」團長李佳樺，還有公關長陳聖龍對談一下。

從解決問題出發，成為隔壁家的鄰居

羅姐：我知道你們在房仲業經營很成功，聽說去年你們的其中一家店，得到該房仲加盟系統的全國冠軍？

「青埔我的家」臉書社團團長李佳樺（以下簡稱李）：這是整個團隊的努力跟貢獻，得到第一名的是我在A18前面經營最久的一家高鐵加盟店。整體來說，去年桃園青埔本身的熱度也有不小的影響，而我們團隊也進軍林口和龜山，所以這樣的模式也在擴大中。

羅姐：「青埔我的家」這個臉書社團應該也有很大的幫助吧？好像你們同時也開了「林口我的家」社團呢！

李：我們很多客人真的都是在網路上先認識，或是跟我們對話過一陣子，才變成客戶。也就是說，先在社團裡面尋求一些建議和資訊，後面才變成去幫他找物件，最後成為客戶的比例真的很高，而不是一般的房地產買賣的社團而已。

「青埔我的家」臉書社團公關長陳龍聖（以下簡稱陳）：我們一開始其實是想說用「解決問題」的角度切入，如果只放一些要賣房子的物件在上面，這種社團一定沒有人感興趣，所以才想說，如果我能瞭解你的問題，回答你的問題，幫你解決問題後，或許才有機會讓你透過我們買賣房子。

因此，我們把代書和律師都找進來，開始回答一些預售屋的合約疑問，或是協助大家有關買賣的稅率問題等等。

李：我們剛開始還做過免費陪人去驗屋的事，他都買了其它房子要交屋了，我們還是去從服務做起。到現在不僅是很多客戶從臉書社團而來，就連我們招募的夥伴，有很多都是因為看到我們社團，喜歡我們的模式而來。

羅姐：妳的意思是說，因為經營臉書社團，所以真的改變了一些房仲業的原有模式？

李：我們改變的房仲業生態是「讓客戶主動找上我們，把房子委託我們賣」。這跟過去仲介的做法完全不同了。透過網路，讓客人先「信任」再「委託」，因為過去很多屋主跟仲介的關係，通常是陌生而有距離感。

陳：透過網路的互動，我們的社團就像是「隔壁家的鄰居」，團友每天打開ＦＢ就能看到我們，跟我們互動進而成為好朋友，也會主動幫我們拉生意。因為看得到、隨時能找到我們，因此團友更能夠安心。

親身搭機捷，傳達真誠和同理心

羅姐：前面提到「從解決問題出發」是很好的想法，而且因為這樣的做法，應該也會接觸到不同性質的客戶吧？

李：我原先也做其它地區的房地產仲介店頭工作很久，我們進青埔的時候，這裡的仲介都以「賣土地」為主。我們是第一家以「銷售房屋」為主軸的公司，跟其他同業不太一樣。而我們真的有發現從網路上，或是說從「青埔我的家」這個社團來的人，有著不同的特性。

首先，非常多元化，特別是不住在國內的客人，或是外籍人士。從日本、韓國到香港跟中國大陸，甚至星馬，他們都會透過臉書社團想要了解青埔。

陳：以國內的購屋者來說，透過臉書社團遇到的，有更多是不住在桃園的人，會先透過網路社團，詢問很多有關生活機能方面的問題。

羅姐：三年多前開始創版時，青埔的發展還沒有起來吧？對於客戶的詢問要怎樣處理呢？

李：當時我們兩個人為了要讓大家更認識青埔，還跑去坐機捷，一路朝窗外拍影片，傳給網友看，也去介紹剛開始第一期的華泰名品城，還有從高鐵過去的交通資訊。

陳：最有趣的應該是坐機捷兩站，跑去機場的咖啡店坐下來，然後拍攝一隊一隊的空姐經過吧？就是要告訴大家青埔離機場很近啊！

羅姐：這些在臉書上應該比較容易創造點閱率和話題吧？的確比起只有賣房子的物件，來得生動活潑多了。我也同意臉書社團的經營不能只從要做生意成交的角度看，網路社團的特性應該不只是這樣簡而化之。

李：不過，網路上的資訊也需要很清楚或是很實際，這也是我們在這個社團學習到的重點。有一個客戶，我們幫他賣掉一間青埔的透天別墅後，因為他是在兩岸跑來跑去的商業顧問，特別教我們怎樣把銷售物件在網站上呈現更好，或是說外地的人要找像青埔這樣重劃區的房子，希望在內容上看到那些重點，我們也從中學到很多。

羅姐：如果要把你們的成功經驗，做一個小結論的話，你們會想強調什麼呢？

李：我想要說，網路上的互動，真誠很重要，絕對不可以因為網路不認識對方，就忽略這點。其次就是解決問題的能力與同理心，當有人加入社團問問題，就是希望有人可以協助回答或是給予建議，都要有這份同理心。最後，重要的還是團隊，因為臉書只是一個觸媒，實際上的專業和服務，需要透過團隊去落實。現在網路很發達，每一個人都可以運用網路，那麼能不能把團隊的努力虛實結合，則是相當重要的事情。

羅姐：嗯，同理心真的很重要。房仲介紹買賣房子固然是生意，但是臉書社團的經營要立基於同理心，以真誠解決問題為基石，加上團隊的努力。這些都讓我非常認同，謝謝你們的分享。

4-4

逛飯店住出新領會
——跟著執行長
欣賞建築之美

好房達人 羅姐
VS.
京懋建設執行長 范秉豐

我四處旅行，選擇好的飯店入住，其實就當繳學費，能夠透過住宿體驗，從這些國際上知名飯店，近距離感受到建築設計的精神，真的很划算啊！

開始撰寫「羅姐談好房」之前，因緣際會之下，不僅自己常常到處看京懋的房子，也陪同朋友看過不只一次京懋建設的案子，覺得質感很好，規劃設計也不錯。後來發現京懋建設是一家很特別的建設公司，當然，他的執行長范秉豐也是很特別的企業負責人。

先說說他的臉書角色吧！他有一個經營四年的粉絲頁，名稱是：「跟著執行長逛飯店」，有四萬多名粉絲數、逾六萬多名追蹤數，密切留意專頁的動態更新，只為一窺執行長的最新遊蹤。

住飯店當繳學費，近距離感受建築精神

在個人簡介上，他是這麼寫的：「我是喜歡旅行的京懋建築執行長范秉豐，透過親身入住酒店的經驗，親自拍攝，把國際級設計團隊的美學概念與大家分享，也期待在自己的建築本業上能有所提昇。」

所以在出書之前，特別邀請執行長來談一下個人對於建築的看法，能夠分享更多的建築美學給眾多讀者。

訪談當然從他的粉絲頁出發，范秉豐說：「我四處旅行，選擇好的飯店入住，其實就當繳學費，能夠透過住宿體驗，從這些國際上知名飯店，近距離感受到建築設計的精神，真的很划算啊！」

說得如此輕巧，但是等於度假還不忘工作，他卻甘之如飴，覺得自己是工作中的學習，也可以像度假呢！

「其實我自己原來並不太喜歡用社群網站。想說旅行拍了一些照片，就給小編去發揮，隨他

手機的記錄可以很直接也很直觀，光影和構圖就掌握出表達的焦點，深入當地設計風情，把逛飯店跟工作整合在一起。

怎樣寫，就當是分享也沒關係。但是後來就發現，照片是我拍的，重點只有自己知道，而且心裡的想法也只有自己感受最深刻，於是乾脆自己跳下去，到後來越寫越有心得。我通常發文都在半夜，那是我下班後的另一種全心投入，記得有一次發一篇文，花了五個多小時，從網路上找更多深入介紹的資料，整理自己拍的照片，加以挑選、編輯、裁切，文字撰寫、修改到完成，也是很有成就感的一件事。」范秉豐娓娓道來。

看來他真的有感受到用文字和影像，可以和朋友或是粉絲產生互動的樂趣。

深入當地設計風情，一起住飯店

本來以為困難的事情，逐漸成為習慣。手機的記錄可以很直接也很直觀，光影和構圖就掌握想要表達的焦點是什麼。網路上所分享的文字非常平易近人，認識他的人都知道，沒有過多修飾，就像他平常說話那樣親切。

范秉豐把逛飯店跟他的工作整合在一起，最近在桃園中路和青埔推出的建案，很多設計概念都來自知名飯店，所以他就讓銷售、工務、設計等團隊，跟著他一起去住飯店。

他認為，建築規劃是一個團隊合作的工作，每一個環節如果能夠充分掌握想要傳遞的設計理念，一定有助於整體的結果。他也發現，高檔或是知名飯店，通常不是強調使用很貴的建材或是呈現出富麗堂皇的樣貌，例如東南亞比較重視休閒感的地方，就會選用當地原始的天然素材，結合在地人文元素，甚至加上適當的傢俱、家飾等老件，整個設計感就無可匹敵。

他補充說道，很多建築設計大師，可能作品是公共建築，也可能是住宅，但是前者不是用來居住，後者比較難有機會一窺堂奧。只有飯店的設計，跟住宅的表現最為接近，都是供人居住的空間，因此不管到旅館只住一天，或是屋宅住得很久，都是一種居住事實。

這些觀察以及感受，正好跟京懋建設切入的市場定位結合。范秉豐說：「我們可以說專門做換屋市場，因為是換屋，所以購屋者都有不只一次的買房經驗，已經知道自己為何要換，考慮的點在哪裡。因此做為開發商，對於規劃設計的考量要更為全面，對於空間的掌握也要更加完整。像京懋強調的『減房概念』，也是從一些換屋族群的家中人口減少，不需要過多房間的實際狀況而來。」

關注實際使用，成就美好細節

范秉豐強調，檢討圖面是開發商的責任，不僅要從外觀、配置、格局，到彼此的流暢結合，再到公共區域的規劃，這點和我在《羅姐談好房》書中不少篇章都提到的重點不謀而合。每個基地，或是每一個建案，都有不同優缺點，唯有在圖面上都做出更好的修改，才可以符合日後實際上的使用。

在談到實際使用時，范秉豐可以從衣櫃寬度、床鋪走道距離，講到廚房配置影響準備水果或早餐的方便；從現在還有沒有全家人一起在客廳看電視的習慣，講到坐著和站著，窗外看到景觀的差別；從玄關鞋櫃空間夠不夠，講到陽台要有多寬才能算是好用……。

雖然土地取得不易，雖然政府法規還可以更好，雖然工料雙漲，雖然疫情影響未消，這些都是營建產業接下來要面對的考驗，加上房價攀升後造成買房壓力，和社會經濟其它環節的變動。

但是，范秉豐還是很認真地說，現在很多外賣宅配到社區來，所以公共大廳要有儲存包裹的空間，或是地下室車道如果更寬一點會比較好會車等等。這些需要非常實際地使用過，才會感受到的關鍵，我想，或許京懋建設的特別之處，就在這裡吧！

4-5

知識型網紅的買房投資學——崴爺的房產開創史

好房達人 **羅姐**
VS.
連續創業家 & 作家 **崴爺**

購買相對保值蛋黃區的房子，就用太擔心踩雷，而且買房後沒那麼容易變現，對我而言變成了「優點」，可以「守成」和「保值」。

威爺是臉書上的人氣知識型網紅，光是粉絲就超過二十萬，在此謝謝他在我前兩本書都具名推薦。

認識他的粉絲應該都知道，我是他職場生涯的「第一個」主管（不好意思自己說自己是他師父或是老師啦，雖然威爺自己都這樣說，哈哈），一路走來也是很好的朋友。從他身上，我看到的是積極努力的陽光形象，現在來跟他聊一下他的房產經驗，應該也是很精彩或是說很勵志吧？

回母校買房，樂當包租公

羅姐：我知道你很喜歡買房子！記得你在「我是威爺」的粉絲頁當中也分享過，但是還是請你說一下，自己買的第一間房子吧！我記得是在內湖？內湖在臺北市的行政區域裡面，算是很特別，以房地產來說，其實有好幾個不同的生活圈。你是買在哪裡？

威爺：其實不是內湖耶！真要回答的話，應該是靠近東湖的汐止，其實也就是新北，當時還叫做臺北縣啦！那個區域的房子，常常標榜內湖生活圈。我有一點算是懵懵懂懂，就買下第一間房子。

因為家裡缺乏投資理財的教育，我其實不懂買房的眉眉角角，只想在新北有個地方可以住。這已經是西元二〇〇〇年的事了。

威爺：當時買在汐止二十四坪的中古屋，房價三百萬，還記得房貸利率應該是百分之七左右，跟現在的低利率相比，真的覺得很高，然後扣掉自備款八十萬，一個月還要負擔一萬五千元的房貸。那時候的我正在創業，經營第一家火鍋店。

羅姐：你是在桃園念大學的吧？好像後來還有回到母校旁邊買房？在大學附近買房是一種不同的置產概念，我在「我是青埔人」社團寫專欄，但青埔沒有大學，所以沒有提到相關訊息，可不可以請崴爺也分享一下這個部分？

崴爺：我把開廣告公司所賺到的錢，買了中原大學附近的兩間套房當包租公，每年的租金投報率，算一算有百分之七。當時，沒有少子化問題，也可以說大學沒有短招的危機，所以在大學附近做學生套房出租，應該是不錯的投資安排，當然也就選擇自己熟悉的母校附近。兩年後，我把兩間套房賣了，正好碰上房地產上漲的階段，可以說賺了一倍。

電商時代，店面不再是金雞母

羅姐：你覺得要怎樣區分自住、收租，或是置產？你應該都有過這些經驗吧？不會都是成功的吧？我自己就有買房出租之後，覺得自己不喜歡當房東的小小痛苦經驗。

崴爺：我剛提到那些房地產賺錢的往事，其實都發生在二〇一四年以前。現在房產投資的大環境，已經和二〇一四年之前「遍地是黃金」的年代大大不同了。舉個例子來說，我在內湖開店的時候，認識的房東大叔教了我很多房地產投資經驗，他自己可以說就是靠「買店面」的獲利模式，可是仔細想一下，現在當然已經行不通了。

在房東大叔那個年代，大部分行業一定要有「實體店面」才能做生意，所以有「店面」就像

我們的長輩們，年輕時只要買對了房子，就能一輩子不愁吃穿；但我們這個年代，已經沒有這樣的神話了。

有隻「金雞母」一樣，穩穩收租；但現在是電商時代，對實體店面的需求大幅縮減，可以說供過於求，到處都可以看到待租的店面。但是因為層層疊疊的成本加上去，現在的「店面」也不知道在貴什麼，買店面的投報率根本划不來，要是不好出租後也不好轉賣。我個人覺得，靠投資店面賺錢這件事，已經是北風北。

相對保值蛋黃區，不擔心踩雷

羅姐：對於年輕族群想要買房，崴爺有什麼建議呢？我對於自住買房有很多觀察跟分析，否則不會寫專欄和出書了。但是崴爺既年輕又有創業實戰經驗，可能看到的角度又更不同一些，可否也簡單分享一下？

崴爺：我們的長輩們，年輕時只要買對了房子，就能一輩子不愁吃穿；但我們這個年代，已經沒有這樣的神話。所以很多朋友都開始做股票和其他金融商品的投資，我覺得只要用功，應該也有不錯的機會。但是，我近期決定把部分的錢，還是要拿來買蛋黃區的房子。因為蛋黃區的房子相對保值，我不用太擔心踩雷。買了房子後，它沒那麼容易變現，還有實價登錄的緊箍咒，讓我不會短期就想賣房。這時候買房投資的「缺點」，對我而言變成了「優點」，我買房的目的，是讓我「守成」和「保值」。

羅姐：謝謝崴爺非常切身與精闢的分享。

其實房地產絕對不是用來投資獲利，更不是拿來炒作，我完全認同。所以能夠拿來做保值的工具，倒也不失是一個正確的理財方法。

這裡偷偷出賣崴爺一下（幫高調），聽說崴爺即將出版理財專書，且讓我們拭目以待囉！

零 售 點睛術

美西 2500 公里╳歐洲 8000 公里的商機科普筆記

點看成金，玩轉商機大無限！

市場實境 SHOW，鮮活碰撞，
後疫情時代仍百顛不破——

朱承天（Rosida）—— 著
陳仁嘉（Ivy 老師）—— 繪者

30 年資深行銷人，橫跨歐美八國的紙上實境秀，帶領一窺世界零售市場的商業文化！
一窺美國、英國、波蘭、荷蘭、比利時、盧森堡、法國、德國，鮮活零售、生猛文化、出奇攻心、推坑產品……。

本書特色

- 不只是購物指南，更是「創業者」的參考書
- 融合 30 年的實戰經驗，結合市場趨勢及管理心法
- 玩轉商機實境 SHOW，一起窺探歐美國家的行銷訣竅
- 主題旅行開闢新徑，一邊玩樂，一邊學習其他國家的零售技巧
- 全書搭配作者實地探訪拍攝照片，全彩印刷，方便讀者沉浸其中